VERBORGENE WELTEN

Bildnachweis

Shutterstock.com: S. 8 Alex Oakenman; S. 9 o. Alexander Piragis; S. 9 m. imageBROKER.com; S. 9 u. maudanros; S. 11 m. rangeVector; S. 11 u. Diego Barucco; S. 14 u. Odua Images; S. 15 o. Alexey Kamenskiy; S. 16 m. Mary Buermann; S. 20 m. incognitox677; S. 21 Designua; S. 25 u. (v. l. n. r.) Serhii Ivashchuk, JethroT, sandatlas.org, JethroT; S. 26 m. ExclusivePictures; S. 26 m. r. Sebastian Enache; S. 30 m. Tavarius; S. 30 u. art4stock; S. 31 u. Piotr Kloska; S. 32 u. r. Giuma; S. 34 o. Minerva Studio; S. 35 o. expatpostcards; S. 35 m. HordynskiPhotography; S. 36 o. m. IndianSummer; S. 36 o. u. Arabic Logos; S. 37 m. r. Alan Budman; S. 37 u. r. TeddyandMia; S. 44 o. vchal; S. 44 m. Dario Lo Presti; S. 45 m. u. Millionstock; S. 45 u. Fly_and_Dive; S. 46 u. l. Yai; S. 46 u. r. erlucho; S. 47 m. William Cushman; S. 47 u. klee048; S. 50 m. l., S. 50 u. BlackMac; S. 51 o. A.Sych; S. 51 m. Viacheslav Lopatin; S. 51 u. khd; S 52 m. Hols; S. 53 u. r. phive; S. 54 o. r. Rainer Lesniewski; S. 55 u. Photovolcanica.com; S. 59 o. Photos SS; S. 62 u. LouieLea; S. 64 v. l. n. r. New Africa, SV Production, Roland Magnusson, 3DMI, keellla, Berit Kessler, Skylines, ericlefrancais, BaLL LunLa, Cico; S. 65 u. (v. l. n. r.) Lifestyle Graphic, OlegSam, nikkytok, Photo Win1; S. 67 o. m. Bragin Alexey; S. 67 o. l. Denis Churin, S. 67 o. r. Fototocam; S. 67 m. Chariya Neu; S. 68 u. Philip Schubert; S. 69 o. r. PATARA; S. 69 m. Emil O; S. 70 m. r., S. 70 m. l. Eric Isselee; S. 70 m.u. sekhmister; S. 70 m. u. r. kamnuan; S. 70 u. sevenke; S. 71 u. szefei; S. 75 u. l. AlenKadr; S. 78 o. l. Lapis2380; S. 79 Jakub Barzycki; S. 83 u. r. Tatiany Cristina; S. 86 o. Jut; S. 86 u. romeovip_md; S. 88 o. subarashii21; S. 89 o. Dmitry Naumov; S. 89 u. Yasemin Yurtman Candemir; S. 90 m. l. Elena11; S. 90 m.m. Somchai Som; S. 90 m. r. xtock; S. 90 u. m. Dsculptor; S. 90 Hintergrund ConceptCafe; S. 93 subarashii21;

Wikipedia: S. 13 o. Scott Nash (public domain); S. 13 u. John Wiley (CC BY 3.0); S. 25 o. Alexrk2 (CC BY-SA 3.0); S. 25 m. r. Alan R. Light (cc-by-2.0); S. 25 m.r. J. D. Griggs (public domain); S. 26 o. Howell Williams (gemeinfrei); S. 27 o. l. Buteo (Creative-Commons); S. 27 o. r. Pinpin (GNU-Lizenz für freie Dokumentation); S. 27 m. o. Andreas Trepte, www.avi-fauna.info (CC BY-SA 3.0 DE); S. 27 m. l. Georg Slickers (CC BY-SA 2.5); S. 27 m. u. de:User:Jutta234 (GFDL, CC-BY-SA); S. 27 u. l. Manfred Kunz (CC BY-SA 3.0); S. 27 u. r. Andreas Trepte (CC BY-SA 2.5); S. 31 o. btr (CC-by-sa/2.5); S. 32 u. l. Norbert Nagel (CC-BY-SA-3.0); S. 34 m. Cai Tjeenk Willink (CC BY-SA 3.0); S. 35 u. Raphel Etoyiva Abine (CC BY-SA 4.0); S. 36 u. l. Matt Kennedy (CC BY-SA 2.5); S. 37 o. United States Geological Survey (Public Domain); S. 37 m. NASA Earth Observatory (Wikimedia Commons); S. 37 u. m. U.S. government, National Park Service (Wikimedia Commons); S. 40 o. Brocken Inaglory (CC BY-SA 3.0); S. 40 m. Ji-Elle (CC BY-SA 3.0); S. 41 o. Ekrem Canli (CC BY-SA 4.0); S. 44 u. Hannes Grobe (CC BY-SA 2.0 DE); S. 50 m. R. Clucas (Public Domain); S. 50 u. l. Tschubby (GNU-Lizenz für freie Dokumentation); S. 53 o. NASA (Public domain); S. 53 u. r. Árni Friðriksson (CC BY-SA 3.0); S. 54 o. m. Sémhur (Public Domain); S. 55 o. Woodbury & Page (CC BY-SA 3.0); S. 55 m. Tropenmuseum (CC BY-SA 3.0); S. 58 m. l. Riba (GNU Free Documentation License); S. 59 m. Austin Post (public domain); S. 59 u. Harry Glicken (public domain); S. 63 o. United States Geological Survey (Public domain); S. 63 m. United States Geological Survey (Public domain); S. 65 o., S. 65 m. Hawaii Volcano Observatory, USGS (public domain); S. 66 o. Hellerick (CC BY-SA 3.0); S. 66 m. Don Swanson, U.S. Geological Survey (Public domain); S. 67 u. Neureiter (CC BY 2.5); S. 70 o. m. George Hodan (CC0 1.0); S. 71 o. Geophile71 (CC0 1.0); S. 71 m. l. Marie-Lan Nguyen (CC BY 2.5); S. 74 u. Jean-Pierre Dalbéra (CC BY 2.0); S. 75 u. r. pxhere.com (CC0 Public Domain); S. 78 o. r. pixabay.com/akiraorc; S. 78 m. pexels.com/Shy; S. 78 u. Yosemite (GNU-Lizenz); S. 83 o. user:Flicka (Wikimedia Commons); S. 83 u. m. Yellowstone National Park (public domain); S. 91 o. r. NASA (Wikimedia Commons);

Andere Quellen: S.14 o. Raffaele Arnello; S. 20 o. rawpixel.com; S. 36 u.m. Flickr/B.F. Loomis (CC BY 2.0); S. 45 o. S. 45 m. r. Raffaele Arnello; S. 46 o. Raffaele Arnello; S. 52 m.l. flickr/Emily Eden; S. 58 u. r. Raffaele Arnello; S. 68 Raffaele Arnello; S. 70 o. r. publicdomainpictures.net/George Hodan (CC0 1.0); S. 70 o. m. publicdomainpictures.net/Peter Jung (CC0 1.0); S. 74 o. r. Raffaele Arnello; S. 74 m. pixabay.com/jacotmorin; S. 75 (Früchte) Raffaele Arnello; S. 75 o. pxhere.com (CC0 Public Domain); S. 83 m., S. 84 o. Fabio Sartori, Archivio fotografico Enel Green Power Larderello; S. 85 o. Raffaele Arnello; S. 85 S. (Historische Bilder) Enel Green Power Italien; 86 m. SWM; S. 87 Verband Geothermie; S. 88 o. m. Raffaele Arnello; S. 88 u. SWM/ Steffen Leiprecht; S. 90 o. NASA/PIA02308; S. 91 o. Jcpag2012 (public domain); S. 91 m. LUCA LELLI; S. 94/95 familienfuchs.de.

Wir danken „Enel Green Power Italia – Geothermal Energy" und „Enel Comunicazione Italia – Media Relations Tuscany and Umbria" für die wertvolle Unterstützung zur Geschichte der Geothermie.

Konzept und Text: Karolin Küntzel, Gersthofen
Konzept und Lektorat: Lektoratsservice Sibylle Krämer, Bayreuth
Illustrationen: Fabio Porfidia, Bergamo; Claudia Saraceni, Firenze
Layout-Konzeption und Typographie: Raffaele Anello, Berlin
Druckvorstufe: Editors Genie | Udo Rehmann, Feldafing
Druck und Bindung: NEOGRAFIA, a.s., Martin-Priekopa
Printed in: Slovakia

MIX
Papier aus verantwortungsvollen Quellen
FSC www.fsc.org
FSC® C020353

ISBN: 978-3-96808-004-8

Nachdruck	Druckjahr
5 4 3 2 1	2024 2023 2022 2021

KAROLIN KÜNTZEL

Verborgene Welt der Vulkane

Illustrationen
Fabio Porfidia

SOPHIE
Verlag

INHALT

ROTGLÜHENDE ERDE

„In der Tiefe brodelt es. Rotglühende Lava wird aus dem Krater in die Höhe geschleudert. Immer und immer wieder. Aus dem Lavasee tief unter dir steigen Dämpfe auf, es riecht nach Schwefel und die heiße Luft nimmt dir fast den Atem. Wie das Fell eines Urzeittieres sieht die Oberfläche des Sees aus, auf dem schwarze Platten aus erkaltetem Gestein schwimmen. Zwischen ihnen leuchtet die Lava hervor und taucht die Nacht in rotes Licht. Diesen Anblick wirst du nie vergessen."

So erzählt es der Vulkanologe Janos Broder, der dich zusammen mit seiner Familie auf deiner Reise in die Welt der Vulkane begleiten wird. Komm mit!

Volcano e
St. Helens turns into ki
3000
2000
Sky Airlines

WILLKOMMEN BEI DEN BRODERS

Hi, ich bin Kim und das sind meine Geschwister Eliah und Lilly. Die Großen auf dem Foto sind unsere Eltern, Janos und Anna. Zusammen sind wir die Familie Broder. Papa ist Vulkanologe, das heißt, er erforscht Vulkane. Er beobachtet die Feuerberge, führt Messungen durch und nimmt Proben vom Boden. Manchmal bringt er uns von seinen Forschungsreisen ein paar Brocken Lavagestein mit. Das ist dann natürlich schon kalt und nicht mehr rot wie Lava, sondern ganz schwarz."

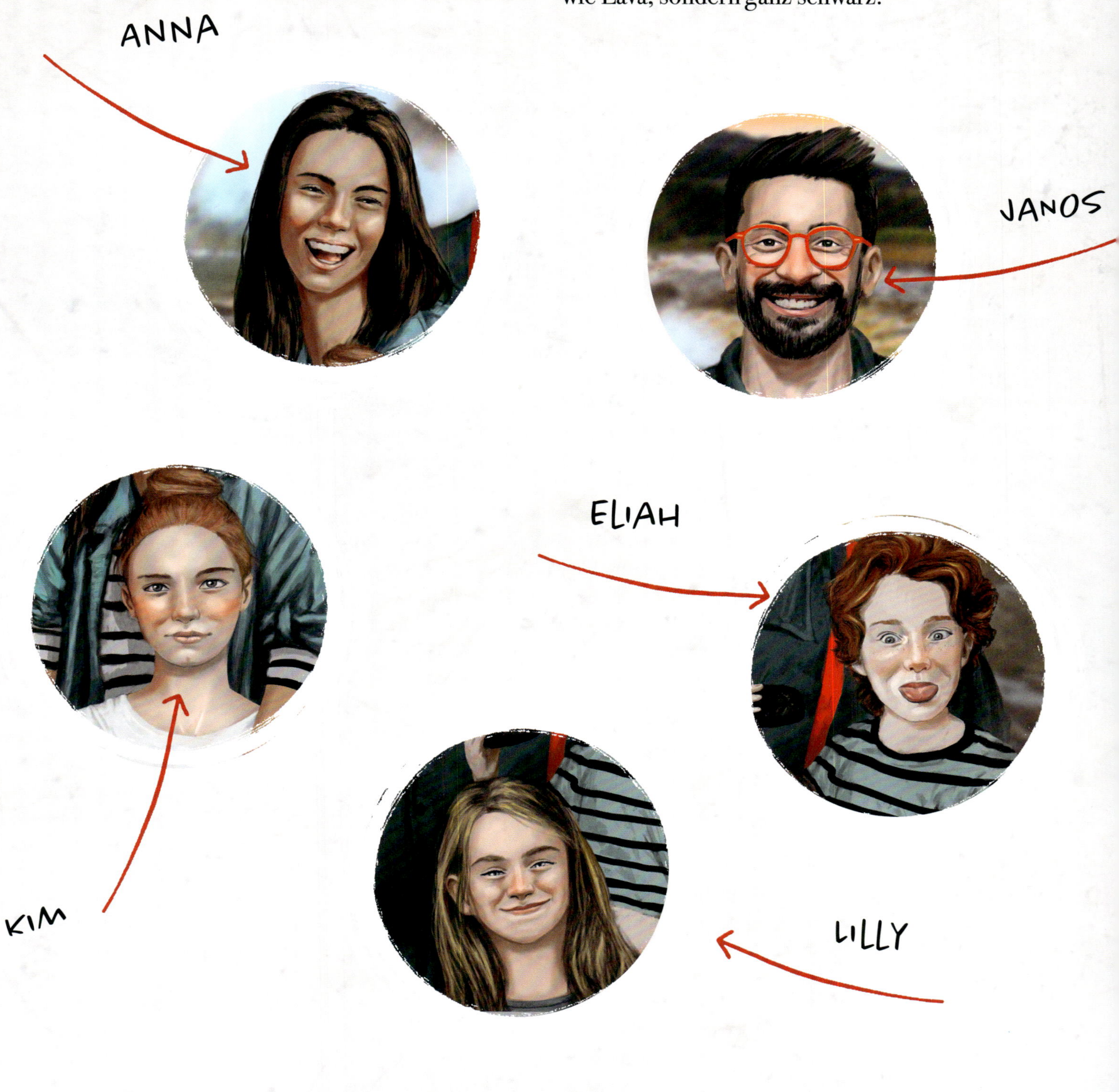

Vulkanologe

Vulkanologen haben eine Ausbildung zum Geologen, Mineralogen oder Geophysiker gemacht. Sie kennen sich gut mit Gesteinen aus und wissen, wie die Erde aufgebaut ist.

DEUTSCHLAND (JANUAR 2017)

Papa ist oft unterwegs. Er war schon auf vielen Kontinenten und in vielen Ländern, denn Vulkane gibt es fast überall. Auch in Europa und in Deutschland. Einige werden wir in den Ferien zusammen besuchen. Darauf freue ich mich schon. Eliah wollte erst nicht mit. Da hat Mama ihm erzählt, dass die Vulkane, die wir besuchen wollen seit Langem schlafen. Sie werden nicht plötzlich ausbrechen. Das wäre ja auch viel zu gefährlich!“

ITALIEN (MÄRZ 2018)

HOHENTWIEL, BADEN-WÜRTTEMBERG

Der Vulkan Stromboli liegt auf einer Insel nördlich von Sizilien. Er gilt als einer der aktivsten Vulkane der Welt.

DER AUFBAU DER ERDE

Die Erde hat eine feste Oberfläche. Deshalb versinken wir nicht im Boden. Im Inneren ist sie aber nur zum Teil fest. Ein Großteil ist flüssig. Um leicht zu verstehen, wie die Erde aufgebaut ist, haben Wissenschaftler das Schalenmodell entwickelt. Um einen Kern liegen mehrere Schichten, ähnlich wie bei einem Pfirsich oder einer Zwiebel.

1 **ERDKRUSTE**
TIEFE: 0 bis 35 Kilometer
ZUSTAND: fest
TEMPERATUR: bis 1.000 Grad Celsius

2 OBERER ERDMANTEL

TIEFE: ca. 35 bis 700 Kilometer
ZUSTAND: zähflüssig bis fest
TEMPERATUR: bis 2.000 Grad Celsius

3 UNTERER ERDMANTEL

TIEFE: 700 bis 2.900 Kilometer
ZUSTAND: fest
TEMPERATUR: bis 3.700 Grad Celsius

4 ÄUSSERER ERDKERN

TIEFE: 2.900 bis 5.100 Kilometer
ZUSTAND: flüssig
TEMPERATUR: bis 4.300 Grad Celsius

5 INNERER ERDKERN

TIEFE: 5.100 bis 6.371 Kilometer
ZUSTAND: fest
TEMPERATUR: bis 7.000 Grad Celsius

DAS SCHALEN-MODELL DER ERDE

Die äußerste Schicht ist die Erdkruste, auf der du dich bewegst. An sie schließen sich erst der obere und dann der untere Erdmantel an. In der Mitte liegen schließlich der äußere und innere Erdkern.

WIE DIE SCHICHTEN EINER ZWIEBEL

IMMER IN BEWEGUNG

Anders als die Haut eines Pfirsichs ist die Haut der Erde, die Erdkruste, nicht glatt und nahtlos. Sie ist in mehrere Platten, sieben große und mehr als 20 kleinere, zerbrochen. Diese Platten tragen Ozeane wie den Pazifik oder Kontinente wie Afrika. Es gibt aber auch Platten, die sowohl Ozeane als auch Land tragen. Zu ihnen gehört die Australische Platte, auf der neben dem gleichnamigen Kontinent auch Teile des Indischen Ozeans liegen.

Alle Platten sind ständig in Bewegung. Wie Flöße treiben sie auf dem oberen Erdmantel – sie bewegen sich aufeinander zu oder voneinander weg. Sie stoßen aneinander, verkeilen sich, schrammen aneinander vorbei und schieben sich über- oder untereinander. Diese Bewegungen geschehen wie in Zeitlupe. Große Entfernungen werden dabei nicht zurückgelegt, nur etwa zehn Zentimeter pro Jahr. Die Auswirkungen dieser Drifts, so nennt man das Treiben mit einer Strömung, sind jedoch gewaltig.

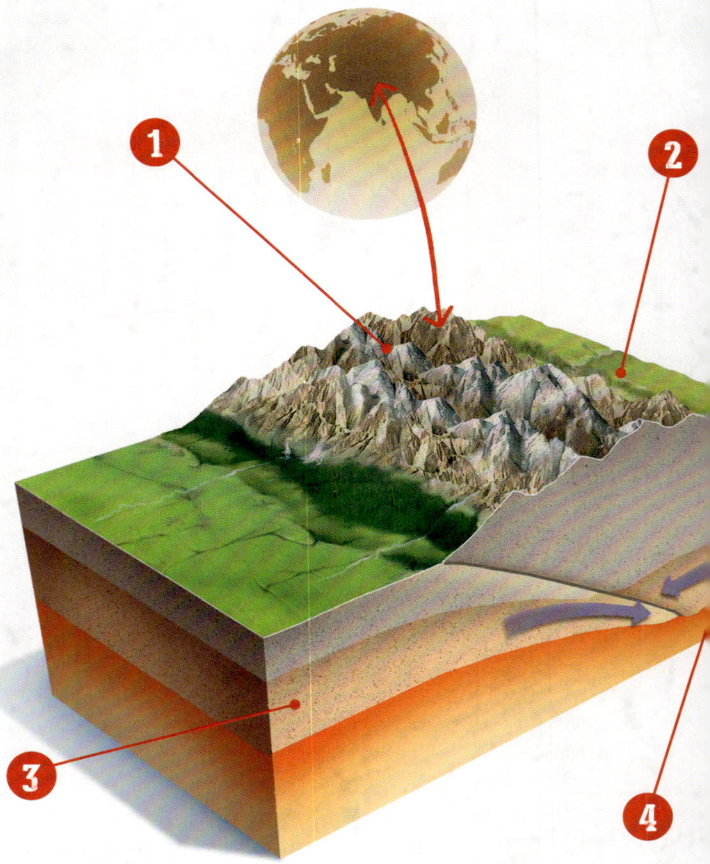

1 Himalaya
2 Tibetisches Hochland
3 Indisch-Australische Platte
4 Eurasische Platte

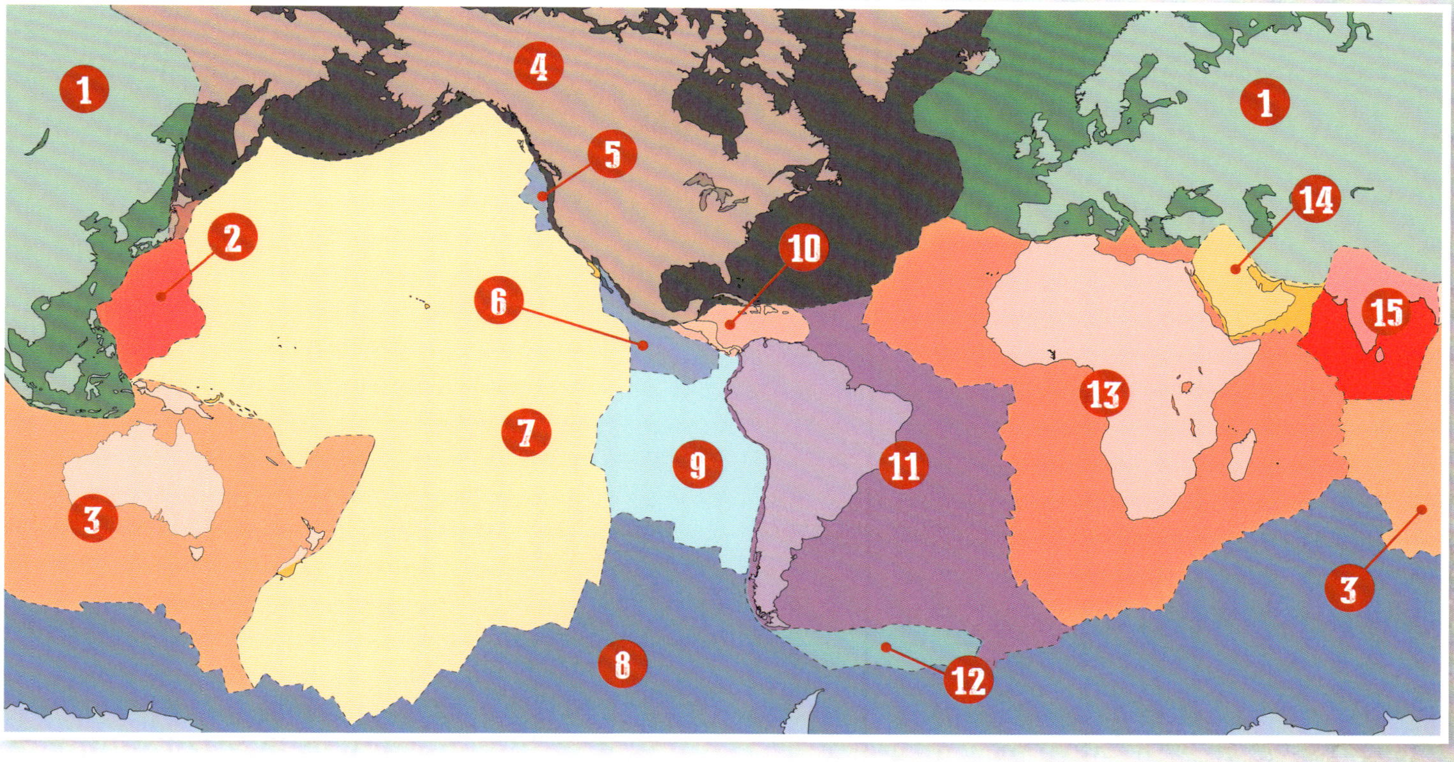

KLEINE BEWEGUNG, GROSSE WIRKUNG

Ändert sich die Lage der Platten, verändert sich das Gesicht der Erde. Gebirge drängen nach oben, Inseln und tiefe Gräben bilden sich, Erdbeben lassen den Boden erzittern und Vulkane brechen aus. Dies geschieht vor allem dort, wo Platten auseinanderdriften. In der Erdkruste entstehen dann Risse, durch die Magma an die Oberfläche steigt.
Die Sankt-Andreas-Spalte in Kalifornien ist solch ein Riss. Sie wird auch Sankt-Andreas-Graben genannt. Dort gleitet die Pazifische Platte an der Amerikanischen vorbei nach Norden.

Lava oder Magma?

Geschmolzenes Gestein wird Magma genannt. Durchbricht Magma die Erdoberfläche, nennt man es Lava.

Die tektonischen Platten

1 Eurasische
2 Philippinische
3 Australische
4 Nordamerikanische
5 Juan de Fuca
6 Cocos
7 Pazifische
8 Antarktische
9 Nazca
10 Karibische
11 Südamerikanische
12 Scotia
13 Afrikanische
14 Arabische
15 Indische

Der Sankt-Andreas-Graben ist 1.300 Kilometer lang.

Der Pazifische Feuerring sieht aus wie ein umgedrehtes U.

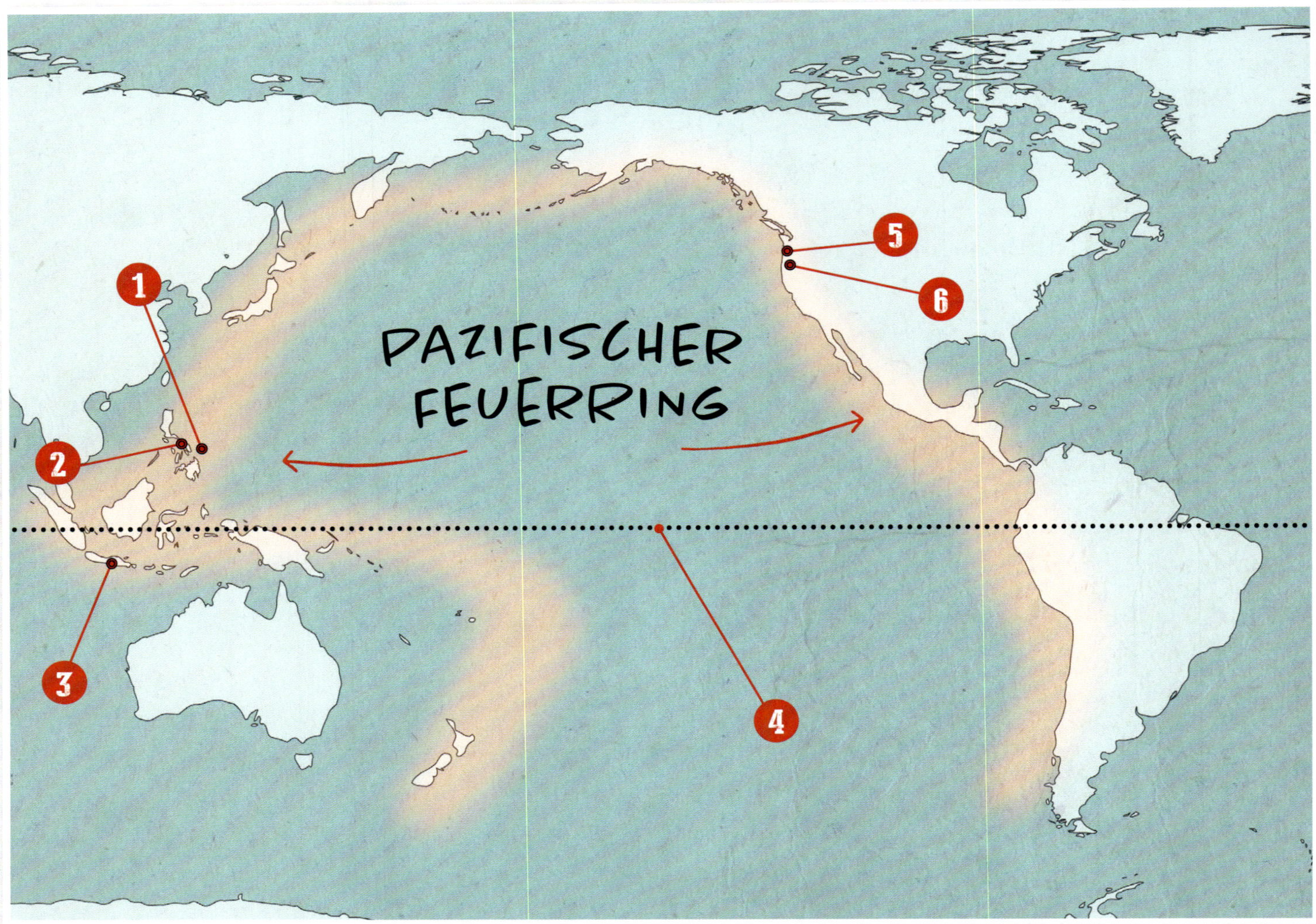

1 Mayon
2 Pinatubo
3 Krakatau
4 Äquator
5 Mount Garibaldi
6 Mount St. Helens

DER PAZIFISCHE FEUERRING

Die meisten Vulkane entstehen an den Rändern der Erdplatten. Dort sind die Spannungen sehr groß und die Erdkruste ist etwas dünner. Besonders viele Vulkane gibt es am Pazifischen Feuerring. Sie reihen sich in einer scheinbar endlosen Kette auf einer Länge von rund 40.000 Kilometern aneinander. Der Pazifische Feuerring zieht sich von Chile über Peru, die Westküste der USA und Nordalaska weiter nach Japan und Südostasien bis zu den Inseln im Pazifik. Auf diesem „Ring“ gibt es nicht nur sehr viele Vulkane, sondern es treten auch häufig Erdbeben auf. Der Grund dafür ist die ozeanische Pazifische Platte, die sich unter mehrere kontinentale Platten schiebt.

Vulkane in Indonesien

In Indonesien, das auch am Pazifischen Feuerring liegt, gibt es 129 aktive Vulkane.

HEISSE STELLEN – HOT SPOTS

Vulkane bilden sich aber nicht nur an den Rändern der Erdplatten, sondern manchmal auch mitten auf diesen – entweder an Land oder unter Wasser. Sie entstehen durch die sogenannten Hot Spots. Das sind sehr heiße Stellen im Erdmantel, aus denen Magma an die Erdoberfläche aufsteigt und einen Vulkan bildet. Schiebt sich die Platte über der heißen Stelle weiter, trägt sie den Vulkanberg mit sich. Über dem Hot Spot bildet sich dann ein neuer Vulkan, der ebenfalls mit der Platte weiterwandert. So reiht sich Vulkan an Vulkan, bis die heiße Stelle irgendwann abkühlt.

Was für eine Hitze!

Magma kann zwischen 700 und 1.200 Grad Celsius heiß sein. Auch Lava ist beim Austritt sehr heiß, dann kühlt sie ab, bis sie zu Gestein erstarrt.

ENTSTEHUNG DER HAWAII-INSELKETTE

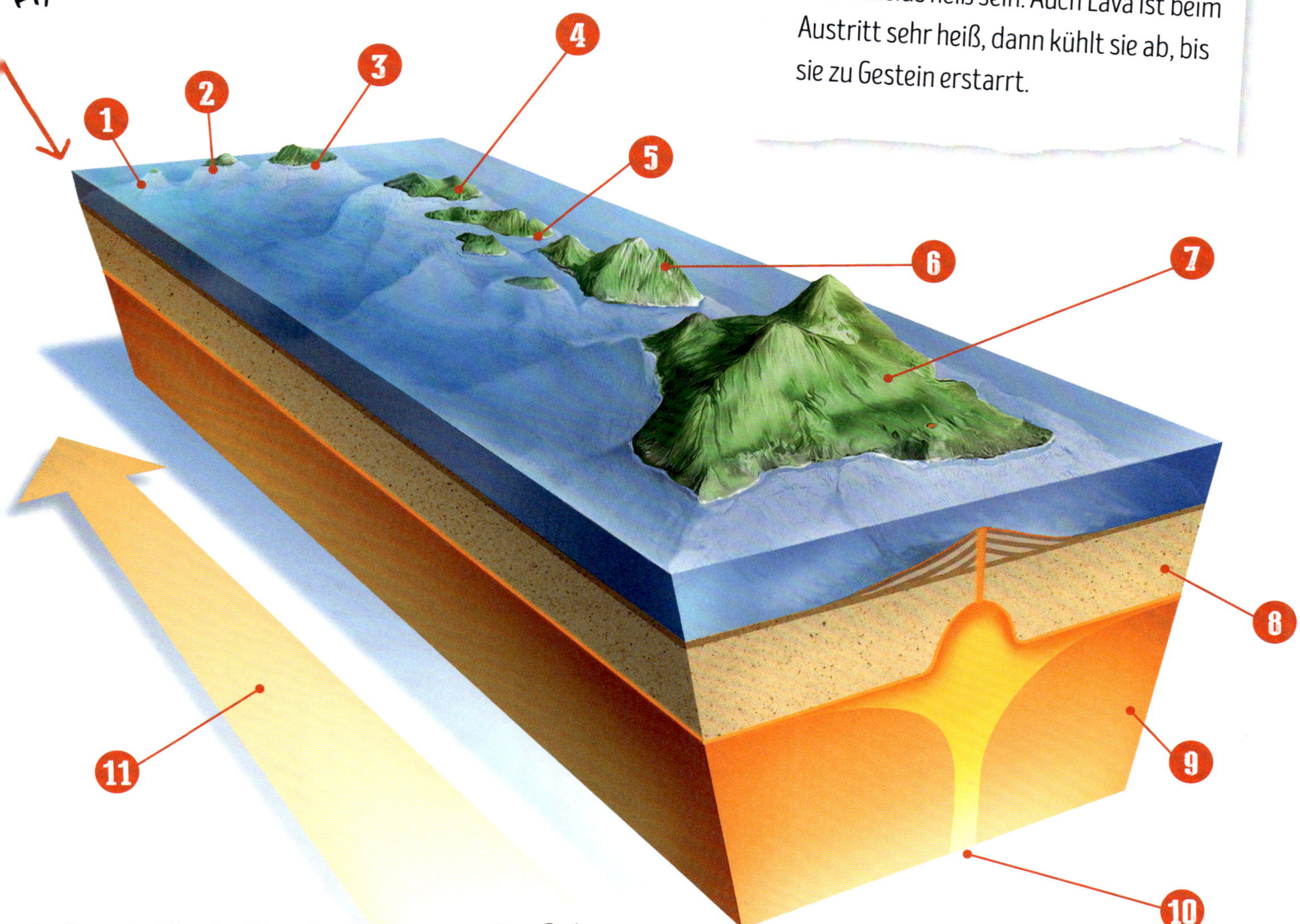

1 French Frigate Shoals
2 Necker Island
3 Nihoa
4 Kauai
5 Oahu
6 Maui
7 Hawaii
8 Erdkuste
9 Erdmantel
10 Hot Spot
11 Drift der Pazifischen Platte

DAS INNENLEBEN VON VULKANEN

Von außen sehen die meisten Vulkane aus wie ein Kegelberg. Einige sind steil, andere flach wie Tausend andere Berge auch. Im Inneren unterscheiden sie sich jedoch deutlich von gewöhnlichen Bergen. Ein langer Schlot, eine Art Röhre, durchzieht den Berg von unten nach oben. Er entsteht, wenn Magma aus dem Erdinneren nach oben drängt. Es stammt aus dem Erdmantel und sammelt sich in einer großen Kammer. Ist diese Magmakammer voll und strömt weiterhin Magma aus tieferen Schichten nach, steigt der Druck wie in einem Dampfkessel. Das Magma sucht sich dann mit Gewalt einen Weg an die Oberfläche. An einer schwachen Stelle in der Erdkruste ist es dann soweit: Der Vulkan bricht aus und spuckt Lava und Asche.

Nebenschlot

Manchmal tritt Lava seitlich am Vulkan aus. Dann hat sich das Magma einen neuen Weg gebahnt und einen Seitenschlot gebildet.

Am Devils Tower in Wyoming kann man gut sehen, wie das Magma in Säulenform erstarrt ist.

SCHICHTVULKAN →

BEULE IM BERG

Manchmal schafft es das Magma nicht bis an die Oberfläche. Es wird unter der Erdkruste fest und drängt das umgebende Gestein zur Seite und in die Höhe. So können regelrechte Beulen im Fels entstehen. Fachleute nennen sie Lagergang.

Querschnitt eines Vulkans

1 Aschewolke
2 Krater
3 Nebenkrater
4 Hauptschlot
5 Lavastrom
6 Erstarrte Lavaschicht
7 Lagergang
8 Nebenschlot
9 Ascheschicht
10 Magmakammer
11 Verschiedene Schichten des Erdmantels (Lithosphäre, Asthenosphäre, Mesosphäre)

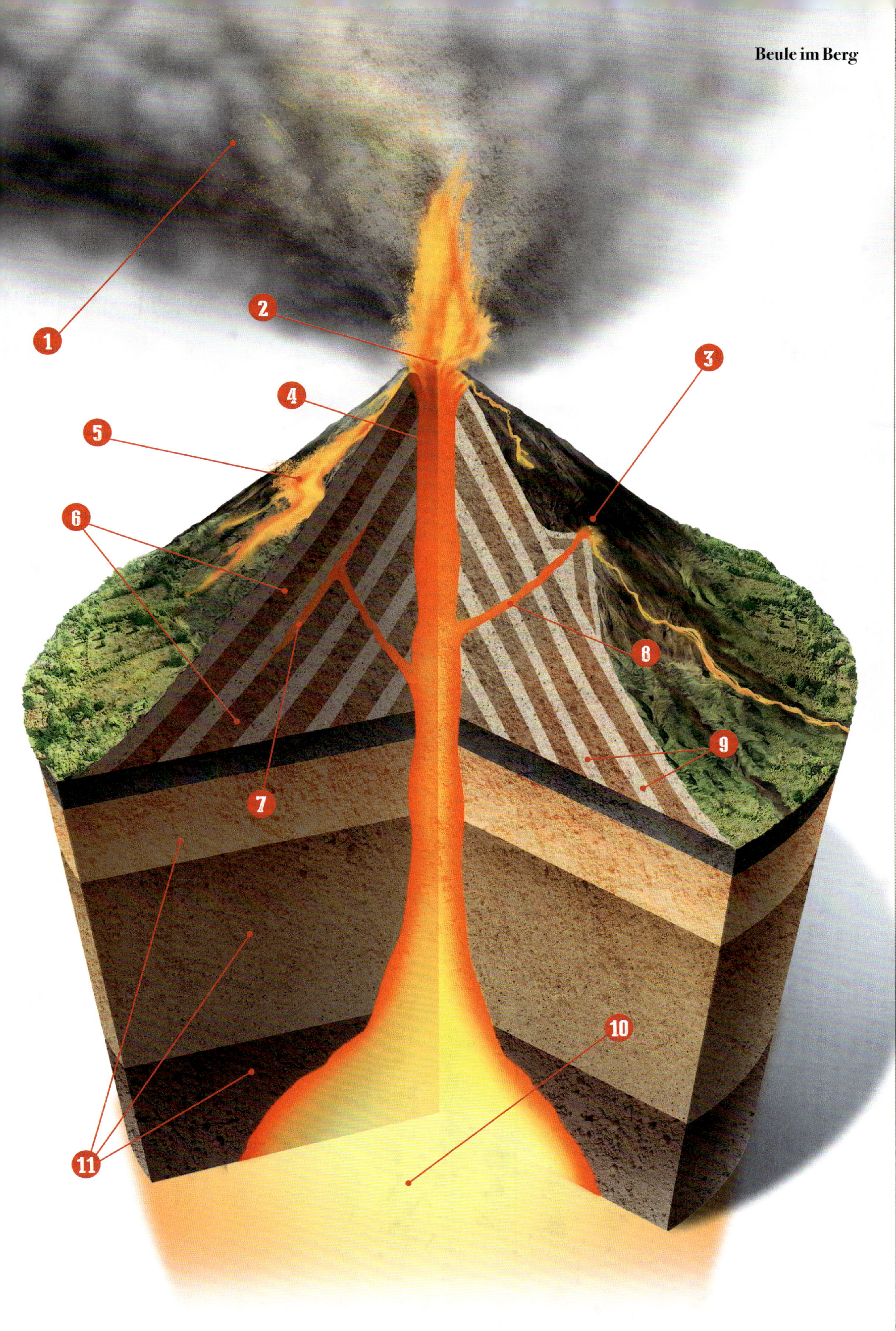
1
2
3
4
5
6
7
8
9
10
11

Die Vulkane auf der spanischen Insel Lanzarote entstanden vor rund 300 Jahren. Damals quoll sechs Jahre lang Lava aus dem Erdinneren. Im Nationalpark Timanfaya können Touristen noch heute die schwarzen Lavafelder sehen und die Hitze der Erde spüren.

GRILLEN MIT VULKANHITZE

Mama, was gibt es heute zu essen?“ Eliah stürmt in die Küche. Anna lächelt. „Wir grillen. Papa muss aber erst noch den Grill anzünden, schließlich haben wir keinen Vulkan im Garten, auf dem wir braten können.“ Eliah prustet los. „Auf einem Vulkan grillen? Das geht doch gar nicht!“ „Und ob!“, sagt Anna und erzählt von der Vulkaninsel Lanzarote: „Dort ist an manchen Stellen die Vulkanhitze immer noch zu spüren. Mitarbeiter im Nationalpark halten zum Beispiel Heu über ein Loch im Boden und es fängt sofort an zu brennen. Auch in Restaurants nutzen sie das und grillen dort über einem Erdloch Fleisch für die Besucher. Und jetzt lauf und frag Papa, wann wir essen können.“

Vulkane unter Wasser

Viele Vulkane befinden sich auf dem Meeresboden. Ein Ausbruch ist dann nicht immer gleich zu sehen.

FLACH, STEIL ODER EINGEFALLEN?

Vulkane können ganz verschieden aussehen, sich bei einem Ausbruch unterschiedlich verhalten und verschiedene Materialien „spucken“.

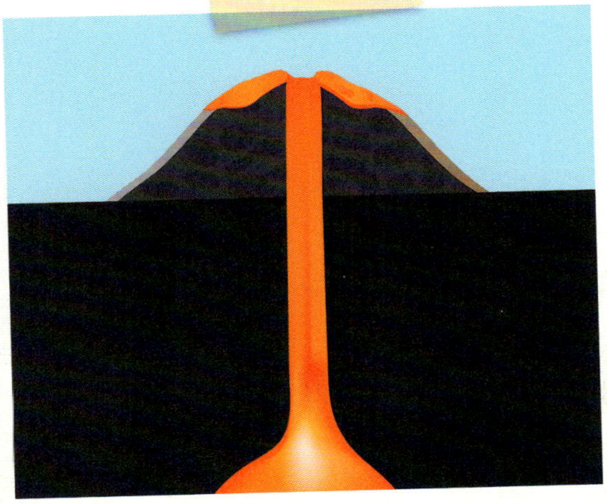

SCHILDVULKANE

Sie sind breit und haben einen flachen Kegel, ähnlich einem Schildkrötenpanzer. Aus diesem Vulkantyp strömt sehr heiße, dünnflüssige Lava. Schildvulkane entstehen häufig über Hot Spots und unter dem Meer an den Stellen, wo die Erdplatten auseinanderdriften. Hawaii und Island sind so entstanden.

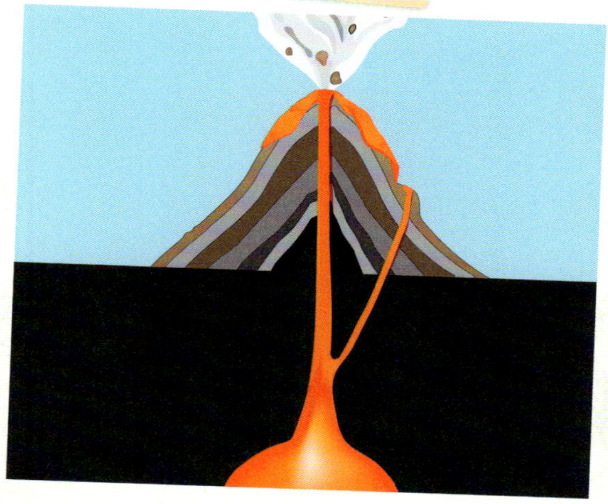

SCHICHTVULKANE

Sie sind steil und hoch und ihr Magma ist zähflüssig. Schildvulkane, auch Stratovulkane genannt, sind gefährlich, da sich in ihrem Inneren ein großer Druck aufbaut. Er entlädt sich meist explosionsartig. Asche, Lavabomben und -blöcke groß wie Häuser werden herausgeschleudert und türmen sich rund um den Krater. Ätna und Stromboli sind Schichtvulkane.

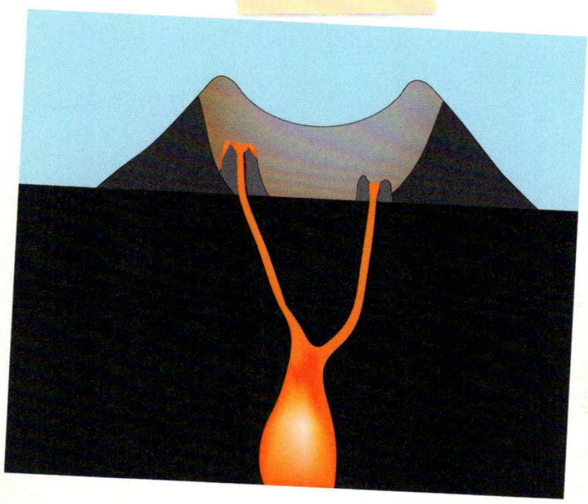

CALDERA

Sie hat die Form eines Kessels. Manchmal ist sie mit Wasser gefüllt. Dieser Vulkantyp entsteht, wenn sich die Magmakammer komplett leert und der Boden darüber einbricht. Der Pinatubo auf den Philippinen ist eine Caldera.

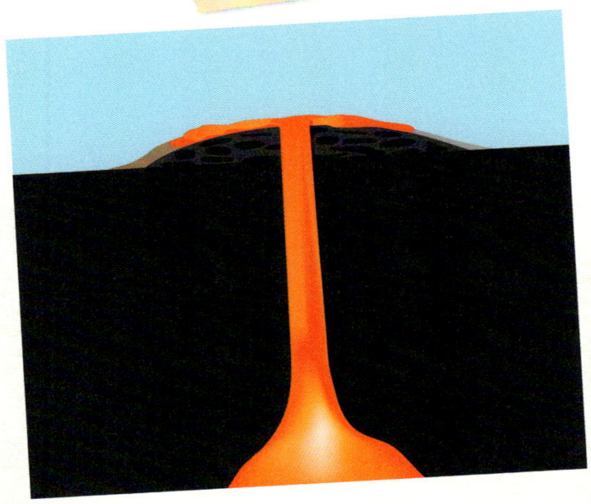

SPALTENVULKAN

Dünnflüssige Lava tritt aus einer langen Spalte im Boden aus und bildet große Lavafelder. Die Laki-Spalte auf Island ist so entstanden.

1
2
3
4
5
6
7
8
9
10
11
12
13
14
15
16

VULKANE IN EUROPA UND WELTWEIT

Auf der Karte sind die größten und aktivsten Vulkane in Europa eingezeichnet. Weltweit gibt es etwa 1.500 aktive Vulkane auf allen sieben Kontinenten und sogar auf dem Meeresboden. Die meisten von ihnen liegen am Pazifischen Feuerring. Unterseeische Vulkane bilden sich häufig mitten im Atlantik am Mittelatlantischen Rücken. Dort driften die Erdplatten auseinander und die austretende Lava bildet eine neue ozeanische Erdkruste. Wächst der Unterwasservulkan über die Wasseroberfläche hinaus, entsteht eine neue Insel.

1 Eyjafjallajökull
2 Arthur's Seat
3 Fuentillejos
4 Grand Suchet
5 Laacher See
6 Hoher List
7 Puy Chopine
8 Puy de Dôme
9 Croscat
10 Columbretes
11 Annaru-Pòddighe
12 Ätna
13 Stromboli
14 Vesuv
15 Colli Albani
16 Bakony-Balaton
17 Ciomadul
18 Sousaki
19 Thera
20 Nisyros
21 Kula
22 Erciyes
23 Karacadağ
24 Ararat

EREBUS – VULKAN IN DER ANTARKTIS

„Papa, welches war dein erster Vulkan?“, will Lilly wissen.

„Das war der Mount Erebus in der Antarktis. Er ist der südlichste aktive Vulkan der Erde“, antwortet Janos. „Damals war ich noch in der Ausbildung und habe Geologie studiert. Zusammen mit einigen Kollegen habe ich an einer Expedition zum Erebus teilgenommen.“

„Und wie war es dort?“, Lilly will mehr wissen.

„Vor allen Dingen unglaublich kalt. Der Erebus ist 3.794 Meter hoch und schneebedeckt. In dieser Höhe weht oft ein starker Wind und bei -45 Grad Celsius kommt es dir dann noch viel, viel kälter vor. Wir haben in Zelten geschlafen, die Schlafsäcke bis auf ein winziges Loch zugezogen. Zum Arbeiten waren wir dick eingepackt und trugen Gesichtsmasken, damit uns die Nase nicht erfrieren konnte.“

„Brrr!“ Lilly schüttelt sich.

Der Erebus liegt in der Antarktis.

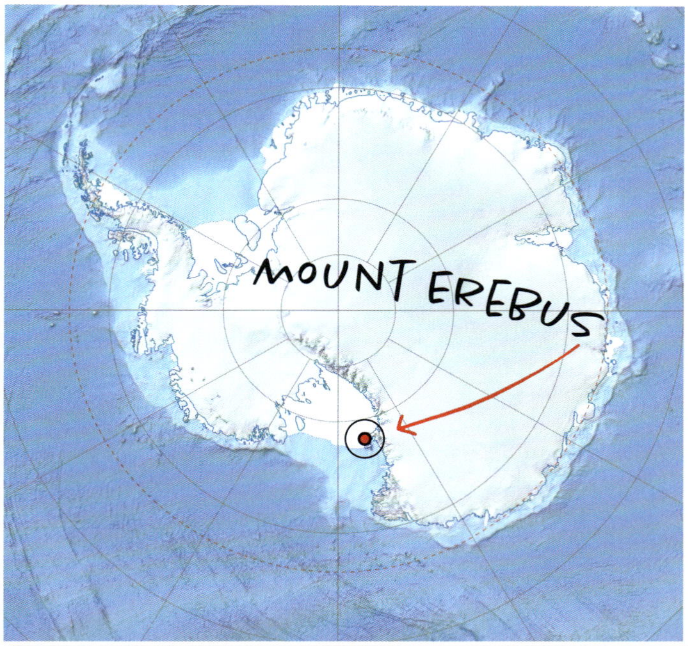

GEFÄHRLICHE EXPEDITION

Am Vulkan haben wir verschiedene Messungen durchgeführt und die Lava untersucht. Allerdings ist es direkt am Kraterrand sehr gefährlich. Immer wieder gibt es Ausbrüche und ein paar dieser Explosionen haben wir sogar miterlebt. Heiße Lavabomben, das sind große Gesteinsbrocken, schossen aus dem Kratersee bis über den Rand des Vulkans. Wir mussten gut aufpassen und rechtzeitig zur Seite springen. Uns ist zum Glück nichts passiert, aber einige Teile unserer Ausrüstung wurden getroffen und gingen kaputt."

Lavabomben vom Mount Erebus

Lavabomben

Sie sehen aus wie feurige Bälle. Bei einem Ausbruch muss man sie immer im Auge behalten, um ihnen rechtzeitig ausweichen zu können.

LAVABOMBEN AUS DEM VULKAN

Verschiedene Lavabomben
1 vom Vesuv
2 vom Ätna
3 vom Cumbre Vieja
4 im Querschnitt

Die Geburt der Vulkaninsel Surtsey

EINE INSEL ENTSTEHT

Manchmal bricht ein Vulkan ganz unbemerkt aus, weil er unter Wasser ist. So war es, als die Insel Surtsey entstand", erzählt Janos den Kindern. „Am 14. November 1963, südlich von Island, in der Nähe der Westmänner-Inseln, setzte der Kapitän des Kutters *Isleifur II* einen Funkspruch ab, weil Rauchwolken über dem Meer aufstiegen. Er dachte, dort brennt ein Schiff. Tatsächlich wuchs ein Vulkan aus dem Meer und bildete eine Insel. Sie bekam später den Namen Surtsey nach dem Feuerriesen Surtur, einer isländischen Sagengestalt."
Der Kapitän berichtete: „Wir sind schon am Vorabend zum Fischen ausgelaufen und irgendwie roch es auf dem Meer komisch nach Schwefel. Auch das Wasser war wärmer als sonst. Als die Sonne aufging, sahen wir eine große Rauchwolke und gaben Alarm. Als wir näher kamen, sahen wir durch das Fernglas, wie aus einer Insel, die vorher nicht da war, Asche und Gestein in den Himmel schossen. Wir meldeten das sofort und es dauerte kaum drei Stunden, da kreiste ein Flugzeug über dem Vulkan. Ununterbrochen quoll dichter Rauch aus dem Schlot und es gab mehrere Explosionen. Wir konnten zusehen, wie schnell die Vulkaninsel wuchs."

EIN NEUES ÖKOSYSTEM

„Papa, gibt es die Insel noch?“ Lilly schaut Janos an. „Ja, und sie ist ein großes Geschenk an die Wissenschaft. Sie ist heute ein Naturschutzgebiet und Forscher kommen aus aller Welt und untersuchen, wie sich das Leben auf ihr entwickelt. Pflanzen siedeln sich dort an und auch Tiere wie Insekten und Spinnen. Heute findet man dort Vögel, Schmetterlinge und Kegelrobben.“

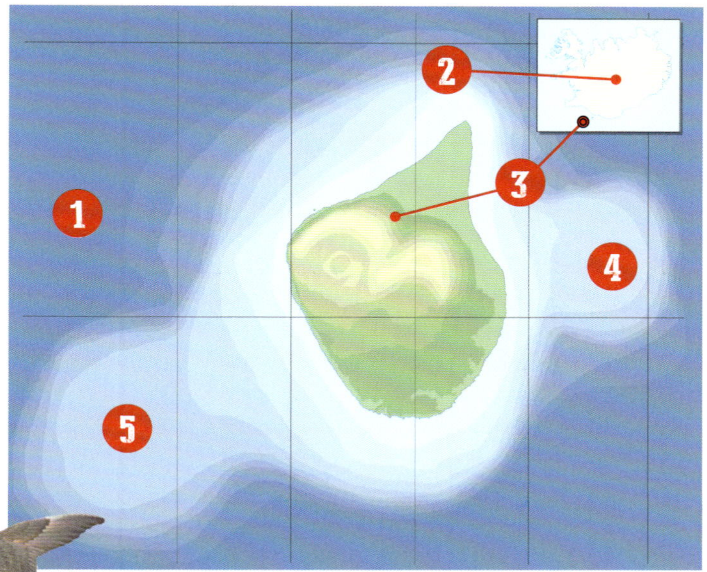

1 Atlantischer Ozean
2 Island
3 Surtsey
4 Syrtlingur
5 Jólnir

LIBELLE

MEERSENF

Betreten verboten!

Der Vulkan spuckte noch bis 1967 Feuer und Asche, dann erlosch er. Heute ist die hufeisenförmige Insel ein Naturschutzgebiet und darf nur zu Forschungszwecken betreten werden.

SPRINGSCHWANZ

Nicht alle Vulkane sehen aus wie Berge, rauchen und sind glühend heiß. Einige sehen aus wie ein See. Diese Vulkanseen nennt man Maare. In Deutschland, in der Eifel, gibt es mehrere davon und du kannst in ihnen baden.

URLAUB IN DER EIFEL

Und wo ist nun der Vulkan, den wir anschauen wollten?“, fragt Kim. Die Broders sind gerade an ihrem Urlaubsort in der Eifel angekommen, am Ufer des Laacher Sees. „Du stehst direkt davor“, lacht Janos. „Der Laacher See ist ein Maar. Von denen gibt es hier in der Eifel sehr viele. Sie entstanden vor ungefähr 12.000 Jahren, als in mehreren hundert Metern Tiefe Magma auf Wasser traf. Das Wasser verdampfte dabei sofort und es entstand ein ungeheurer Druck. Das Gestein, das darüber lag, wurde dadurch einfach weggesprengt. Lava und Gestein bildeten einen Wall. Der Trichter in der Mitte füllte sich später mit Wasser. Der Vulkan schläft nun, aber er ist nicht erloschen. Siehst du die Bläschen?“

Kawah Ijen Vulkan, East Java, Indonesia

Vulkansee Gemunder Maar, Deutschland

SPUCKEN, SCHLAFEN, STERBEN

„Wie schläft ein Vulkan?“, will Eliah wissen. Anna schmunzelt. „Nun, ein Bett und eine Decke braucht er dafür nicht. Man sagt, der Vulkan schläft, wenn er länger nicht mehr ausgebrochen ist.“ Janos nickt. „Man unterscheidet zwischen aktiven, schlafenden oder ruhenden und erloschenen Vulkanen. Aktiv ist ein Vulkan dann, wenn er in den letzten 10.000 Jahren schon einmal ausgebrochen ist. Das trifft weltweit auf etwa 1.400 Vulkane zu, die sich oberhalb der Meeresoberfläche befinden.“

PARKSTEIN, BAYERN DEUTSCHLAND

Der Parkstein ist der südlichste erloschene Vulkan in Deutschland.

DER SCHLAFENDE VULKAN

„Schlafende Vulkane sind schon einmal ausgebrochen und sie werden es wieder tun. Sie befinden sich zwischen zwei Ausbrüchen. Dabei kann die nächste Explosion in naher Zukunft oder auch erst in Hunderttausenden oder Millionen Jahren stattfinden. Ganz genau kann man das oft nicht sagen. Vom Vesuv in Italien und vom Yellowstone-Vulkan in den USA glaubt man zum Beispiel, dass sie bald wieder ausbrechen werden. Nur bei erloschenen Vulkanen kann man recht sicher sein, dass sie nie wieder Asche und Lava spucken. Der Vogelsberg und der Kaiserstuhl in Deutschland sind solche ehemaligen Vulkane und auch die meisten Vulkane auf Hawaii sind tot.“

ITALIEN – LAND DER VULKANE

In Italien gibt es gleich mehrere gefährliche Vulkane. Sie heißen Ätna, Stromboli, Vesuv und Campi Flegrei, die Phlegräischen Felder. Janos erzählt: „Als Kind war ich dort mal in Urlaub und wir haben zusammen mit anderen Touristen eine Führung über die Phlegräischen Felder gemacht. Das ist ein Supervulkan und ich war mächtig beeindruckt. Dort steigt ständig Rauch aus der Erde und an vielen Stellen riecht es nach verfaulten Eiern. Das sind die Schwefeldämpfe, die aus Erdspalten, sogenannten Fumarolen, ausströmen. Dort sind die Steine ganz gelb, schwefelgelb eben. Die Campi Flegrei sind gefährlich, denn an vielen Stellen ist der Boden ganz weich und man kann leicht einsinken. Außerdem gibt es tiefe Krater."

1 Vesuv
2 Stromboli
3 Ätna

Im Solfatar-Krater tritt schwefelhaltiges Gas aus und färbt die Steine gelb, Solfatara (Pozzuoli)

Supervulkan

So wird ein Vulkan mit einer sehr großen Magmakammer genannt.
Bricht ein Supervulkan aus, spürt man die Auswirkungen auch noch in weit entfernten Ländern.

Der letzte Ausbruch war vor 450 Jahren.

Der letzte Ausbruch ist lange her, fast 450 Jahre. So lange wird es vermutlich nicht mehr dauern, bis der Vulkan wieder ausbricht, denn der Boden hebt sich, es gibt oft Erdbeben und immer mehr Dämpfe. Deshalb wird der Vulkan jetzt ganz genau beobachtet, um die Bevölkerung rechtzeitig vor einem Ausbruch zu warnen. Die italienischen Kinder lernen deshalb schon in der Schule, was bei einem Vulkanausbruch zu tun ist und wie sie sich schützen können.

1 Pozzuoli
2 Golf von Pozzuoli
3 Golf von Neapel
4 Magmakammer

VULKANE IN AFRIKA

Die bekanntesten und gefährlichsten Vulkane Afrikas liegen im Osten des Kontinents. Dort befindet sich der ostafrikanische Grabenbruch, der sich wie ein Riss durch die Landmasse zieht und den Osten Afrikas langsam vom Rest des Kontinents abspaltet. Dabei entstehen Erdbeben und Vulkane.

LAVA IM NYIRAGONGO-KRATER

- **1** Mount Kamerun, Kamerun
- **2** Nyiragongo, Demokratische Republik Kongo
- **3** Kieyo, Tansania
- **4** Nyamuragira, Demokratische Republik Kongo
- **5** Kilimandscharo, Tansania
- **6** Erta Ale, Äthiopien

Kratersee

Weltweit gibt es derzeit nur fünf Kraterseen, in denen Lava brodelt. Einer von ihnen befindet sich im Nyiragongo, ein anderer im Mount Erebus.

NYIRAGONGO

Der 3.470 Meter hohe Vulkan Nyiragongo spuckt die dünnste Lava der Welt. Das macht sie besonders schnell und bei Ausbrüchen rast sie mit bis zu 100 Stundenkilometern die Hänge des Berges hinab. Weglaufen ist bei diesem Tempo zwecklos. Bei seinem letzten Ausbruch im Jahr 2002 floß die Lava bis nach Goma, eine Millionenstadt in rund 20 Kilometern Entfernung, und richtete dort große Verwüstungen an. Viele Menschen starben.

KILIMANDSCHARO

„Das Dach Afrikas" wird das Kilimandscharo-Massiv genannt. Es ragt 5.892 Meter in die Höhe und besteht aus den drei Vulkanen Kibo, Mawensi und Shira. Wissenschaftler gehen davon aus, dass Mawensi und Shira erloschen sind, Kibo aber nur schläft. Darauf deuten Fumarolen hin, aus denen heiße Gase strömen. Der letzte Ausbruch war vermutlich um das Jahr 1700.

Gute Reise!

Der Kilimandscharo lockt jedes Jahr Tausende von Touristen an. Der höchste Berg Afrikas ist zugleich der einzige Ort des Kontinents, an dem es Schnee und Eis gibt. Bergsteiger und Wanderer brauchen einen Führer, der sie zum Gipfel begleitet. Alleine darf man nicht hinauf.

Kilimandscharo mit Schnee im Hintergrund

MOUNT KAMERUN

Er ist mit einer Höhe von 4.095 Metern der höchste Berg in Westafrika und vermutlich der älteste aktive Vulkan auf der ganzen Welt. Alle paar Jahre bricht er aus, zuletzt im Jahr 2000.

MOUNT KAMERUN

VULKANE IN DEN USA

In den Vereinigten Staaten von Amerika befinden sich die meisten Vulkane an der Westküste, darunter der Mount Saint Helens und der Lassen Peak. Im Landesinneren brodelt ein Supervulkan unter dem Yellowstone-Nationalpark und im Pazifischen Ozean sind auf den Hawaii-Inseln die Vulkane Kilauea und Mauna Loa besonders aktiv.

1 Mount Saint Helens
2 Lassen Peak
3 Yellowstone
4 Kileau
5 Mauna Loa
6 Mauna Kea

MOUNT SAINT HELENS

Der Mount Saint Helens im amerikanischen Bundesstaat Washington galt lange als ruhender Vulkan. Erst vor etwa 40 Jahren kündigten mehrere kleinere Beben an, dass der Schichtvulkan wieder aktiv wurde. Sein Ausbruch am 18. Mai 1980 war eine der größten Naturkatastrophen im letzten Jahrhundert.

LASSEN PEAK

Der Lassen Peak ist weltweit der größte Lavadom-Vulkan. So nennt man Vulkane, die eine Kuppel aus erkalteter Lava über dem Schlot aufweisen. In den Jahren 1914 bis 1921 kam es am Lassen zu 200 bis 400 Explosionen, bei denen Lava, Schlammlawinen und große Mengen Wasserdampf austraten.

Berg ohne Gipfel

Durch die gewaltige Explosion des Mount Saint Helens stürzte die Bergkuppe ab. Seitdem ist der Berg etwa 400 Meter niedriger als zuvor und hat einen tiefen Krater.

Ausbruch des Lassen Peak

KILAUEA

Er ist der aktivste Vulkan der Erde. Seit der letzten großen Explosion im Jahr 2018 fließt Lava aus mehreren Spalten den Schildvulkan hinab bis ins Meer, wo sie zischend und dampfend erstarrt.

Auf den Vulkanen Mauna Loa und Mauna Kea liegt Schnee.

MAUNA LOA

Der langgestreckte Schildvulkan ist der größte aktive Vulkan der Erde. Er brach 1984 das letzte Mal aus. Der Ausbruch hatte sich mit einer Reihe Erdbeben angekündigt.

YELLOWSTONE

In den Yellowstone-Nationalpark kommen jedes Jahr rund vier Millionen Besucher. Sie wollen die wilden Tiere sehen, die Schluchten und Wasserfälle und natürlich die berühmten heißen Quellen und die über 500 aktiven Geysire, die großen Wasserfontänen. Auf den ersten Blick lässt sich der Supervulkan nicht entdecken, denn er besteht aus mehreren sehr flachen Calderen. Der letzte Ausbruch ist 640.000 Jahre her und Forscher gehen davon aus, dass es irgendwann zum großen Knall kommt. Dann werden große Gebiete der USA unter Asche begraben und es wird große Klimaveränderungen geben.

Willkommen im Yellowstone-Nationalpark

Bitte hier
scannen

Der Yellowstone-Nationalpark wurde bereits 1872 gegründet. Damit ist er der älteste Nationalpark der Welt. Es ist so groß wie die französische Insel Korsika.

WAS SPUCKT DER VULKAN?

Vulkane verhalten sich unterschiedlich und sie schleudern und spucken ganz unterschiedliches Material aus. Lava ist dabei nicht immer am gefährlichsten.

GAS

Vulkanische Gase sind sehr gefährlich. Kohlendioxid ist geruchlos und sammelt sich in Mulden. Dort kann man leicht ersticken. Schwefelwasserstoff, Chlorwasserstoff, Schwefeldioxid und Fluorwasserstoff brennen auf der Haut, riechen unangenehm oder lösen Materialien auf. Vulkanologen arbeiten deshalb oft mit Gasmasken am Krater aktiver Vulkane.

GESTEIN

Ein Vulkan kann winzige Gesteinsstückchen schleudern oder riesige Brocken. Winzige zerriebene Lavastückchen werden Asche genannt. Sie können kilometerhohe Säulen bilden und bis in weit entfernte Länder getrieben werden. Hasel- bis walnussgroße Lavabröckchen heißen Lapilli und alles was größer ist als eine Faust nennen Vulkanlogen Bombe.

Eruption

Wenn ein Vulkan ausbricht, spricht man auch von einer Eruption. Das bedeutet, er schleudert Magma, Gestein, Asche oder Gase heraus.

DREIERLEI LAVA

Lava kann zähflüssig oder sehr dünn sein. Je nach Beschaffenheit fließt sie unterschiedlich schnell und kühlt zu verschiedenen Formen ab. Aa-Lava ist sehr zähflüssig und erstarrt zu schroffen, sehr scharfkantigen Formen. Pahoehoe-Lava ist dünnflüssig, fließt schnell und kühlt zu großen, glatten Fladen ab. Kissenlava tritt unter dem Meer aus und erstarrt sehr schnell zu rundlichen Gebilden.

Bitte hier scannen

VERHEERENDE AUSBRÜCHE UND ERDBEBEN

In der Vergangenheit gab es viele furchtbare Vulkanausbrüche. Sie verschütteten Dörfer und Städte, lösten Tsunamis und Erdbeben aus und kosteten viele Menschen das Leben. Aschewolken verdunkelten manchmal monatelang den Himmel. Sie machten ganze Landstriche unbewohnbar und veränderten das Klima.

Auf große Ascheeruptionen folgten Kältezeiten, die Ernten fielen aus und die Menschen in der Region litten Hunger. Verheerende Vulkanausbrüche kann es auch heute noch geben. Sie lassen sich nicht verhindern, aber inzwischen besser vorhersagen.

ERST DAS BEBEN, DANN DAS FEUER

Bei einem Erdbeben wackelt die Erde – manchmal so stark, dass Häuser und Brücken einstürzen. Die meisten Erdbeben entstehen durch die Verschiebung der Erdplatten. Treffen sie aufeinander, gibt es große Erschütterungen, die sich wie Wellen in einem Teich in alle Richtungen ausbreiten. Je nach Stärke des Bebens wackelt der Boden dann auch noch in vielen Kilometern Entfernung.

Seismografen zeichnen Stärke und Dauer eines Erdbebens auf.

Erdbeben messen

Die Wellen, die bei einem Erdbeben auftreten, lassen sich mit einem Seismometer messen und im Zeitverlauf mit einem Seismografen darstellen.

Achtung:
Erdbebengefahr!

DER RISS IM GESTEIN

Im Bereich der Plattengrenzen gibt es viele Erdbeben, aber auch viele Vulkane. Sie gehören sozusagen zusammen. Bebt die Erde, bilden sich oft auch Risse. Durch diese kann das Magma an die Oberfläche steigen. Ein Vulkan entsteht oder ein bereits bestehender bricht aus.

Achtung: Gefahr von Vulkanausbrüchen!

VULKANISCHE ERDBEBEN

Ein Vulkanausbruch kann ein Beben auslösen, zum Beispiel wenn ein Teil des Vulkans weggesprengt wird. Steigt Magma in einem Schlot auf, kann es das umliegende Gestein zum Bersten bringen. Dann gibt es ebenfalls Beben. Sie sind ein Warnsignal, dass ein Ausbruch bevorsteht.

Achtung:
Hohe Wellen!

Tsunamis verwüsten die betroffenen Küstengebiete fast vollständig.

Tsunami

So nennt man Wellen, die durch Seebeben, Vulkanausbrüche unter dem Meer oder durch Erdrutsche ausgelöst werden. Treffen sie auf Land, sind sie sehr zerstörerisch.

DAS ERDBEBEN VON CHILE

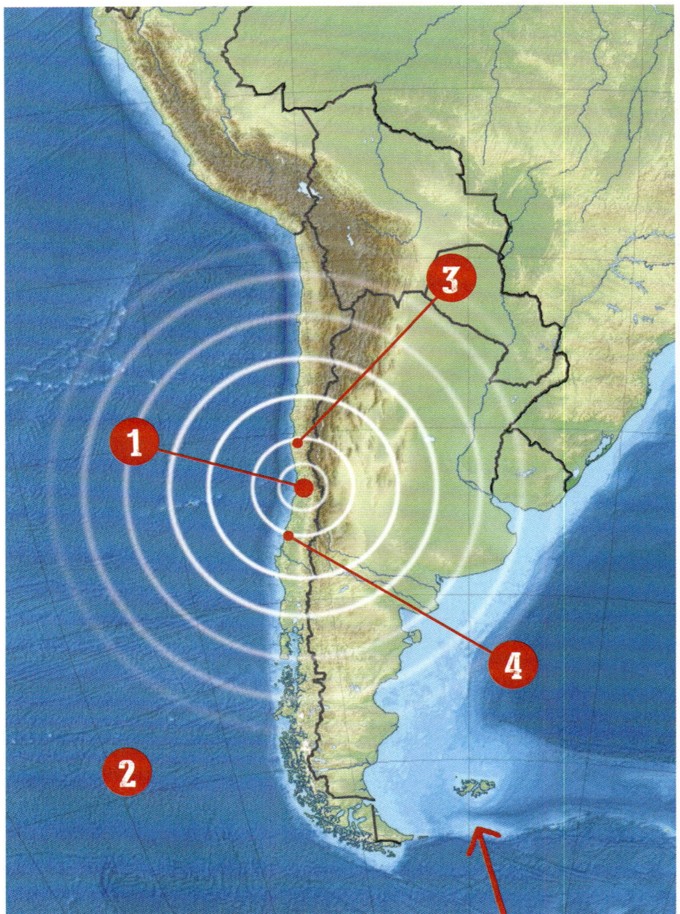

1 Das Zentrum des Erdbebens
2 Pazifischer Ozean
3 Hauptstadt Santiago de Chile
4 Valdivia

Papa, wie schlimm kann ein Erdbeben sein?", will Kim wissen. „Nun, sehr, sehr schlimm. Über das Erdbeben von Chile hat unser Professor damals viel erzählt: Am 22. Mai 1960 bebte die Erde vor der Küste Chiles mit einer Stärke von 9,5 auf der sogenannten Richterskala. So ein starkes Beben war niemals zuvor und seither nie wieder gemessen worden. Die Erschütterungen trafen die Stadt Valdivia besonders hart. In Chile gibt es häufig Erdbeben. Allerdings war dieses Beben besonders stark und Deckenlampen schwangen minutenlang hin und her. Viele weitere Erdbeben folgten. Am nächsten Tag waren die Erschütterungen so stark, dass die meisten Menschen ihre Häuser verließen. Ich wartete im Garten darauf, dass sich die Erde beruhigte. Das tat sie aber nicht.

1960, DIE ERDE BEBT!

Zerstörungen durch das Erdbeben

Stärke und Intensität des Erdbebens

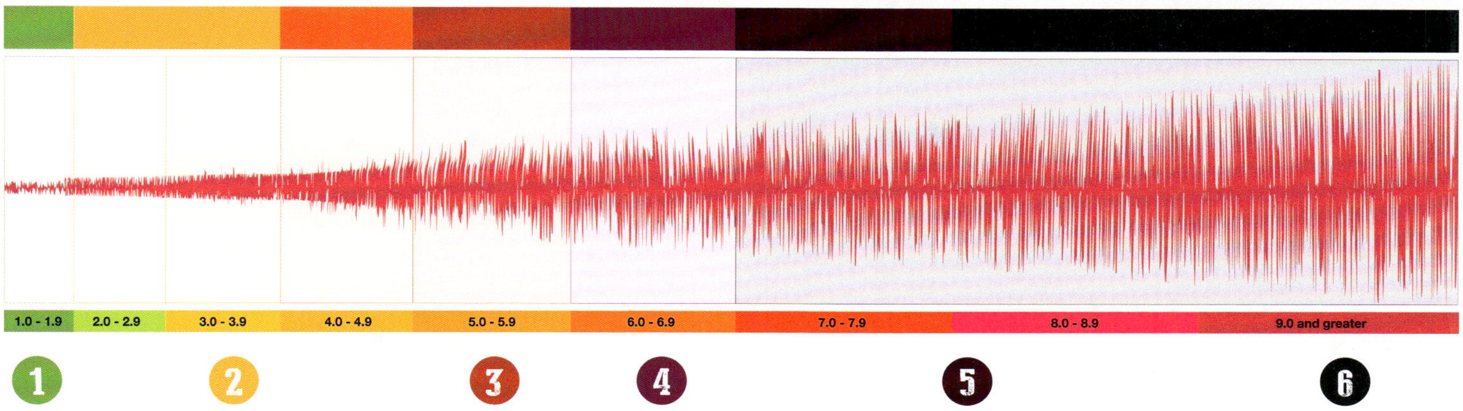

1 **MIKRO** Nicht spürbar; kann nur gemessen werden

2 **SEHR LEICHT** bis **LEICHT** Spürbares Beben, selten Schäden

3 **MITTELSTARK** Klirrende Fenster, wackelnde Lampen, leichte Schäden an Häusern

4 **STARK** Risse in Häusern, herunterfallende Äste

5 **GROSS** bis **SEHR GROSS** Einstürzende Häuser, Erdrutsche

6 **EXTREM GROSS** Starke Zerstörungen und Verwüstungen, sogar Tote

Die Häuser schwankten und stießen aneinander. Der Glockenturm wurde im Rhythmus der Stöße angehoben und fiel wieder an seinen Platz zurück. Alle Leute schliefen draußen, denn die meisten Häuser waren zerstört. Dann brach auch noch der Vulkan Puyehue aus und ein riesiger Tsunami raste über den Pazifik bis nach Hawaii und Japan."

Die Richterskala

Das ist der Name einer Maßeinteilung, mit der die Stärke von Erdbeben gemessen wird. Die Skala fängt bei 1 an und ist nach oben hin offen. Ein stärkeres Beben als eines der Stärke 10 ist aber nicht vorstellbar.

DER VULKAN PUYEHUE

Verhaltensregel bei Erdbeben: Geh auf die Knie, suche Schutz unter einem Tisch und halte dich an ihm fest. Warte solange, bis das Beben aufhört.

Im Jahr 79 nach Christus brach der Vesuv in Italien aus. Er begrub die Stadt Pompeji unter einer dicken Schicht Asche und Bimsstein. Nur wenige Menschen konnten sich retten.

DER UNTERGANG VON POMPEJI

Die verschüttete Stadt Pompeji geriet nach dem Ausbruch in Vergessenheit. Erst im 16. Jahrhundert entdeckte man zufällig unterirdische Gänge und Statuen. Seit dem 19. Jahrhundert wurde die antike Stadt dann systematisch ausgegraben. Man fand wertvolle Mosaike, Wandgemälde und viele Hohlräume. Sie stammten von den Menschen, die damals bei der Katastrophe starben. Archäologen gossen die Hohlräume mit Gips aus und so kannst du heute in Pompeji nicht nur die Stadt selbst besuchen, sondern auch die Gipsabgüsse der Menschen sehen, die damals dort lebten.

Neapel liegt nur wenige Kilometer vom Vesuv entfernt.

ERUPTIONSSÄULE

Statt Vulkanausbruch kann man auch Eruption sagen. Die Wolke aus Asche und Lava über dem Vulkan heißt Plinianische Eruptionssäule.

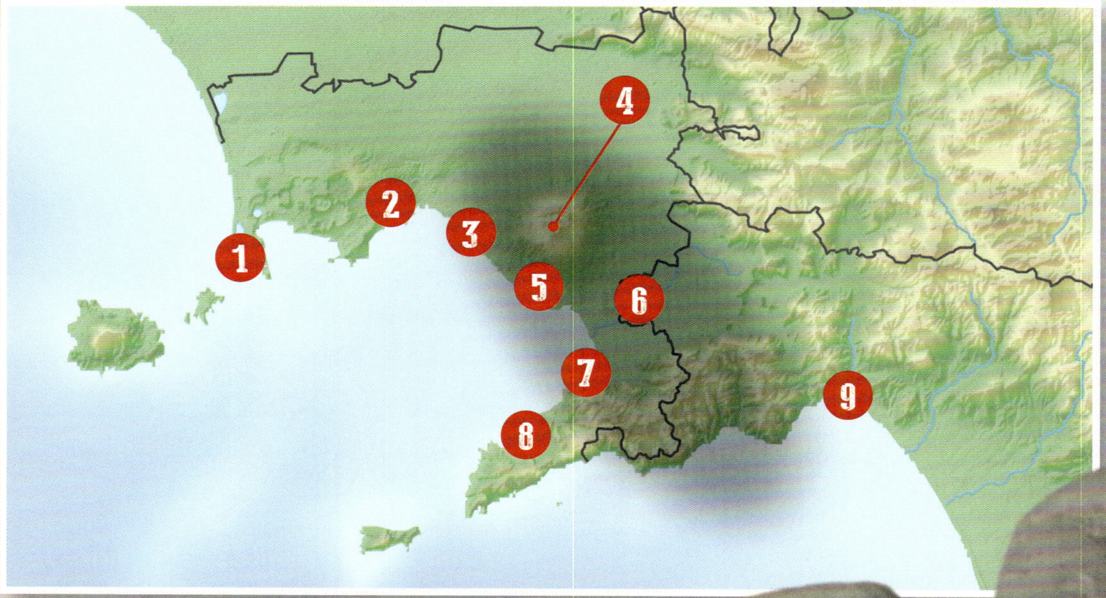

1 Miseno
2 Neapel
3 Herculaneum
4 Vesuv
5 Oplontis
6 Pompeji
7 Stabiae
8 Sorrent
9 Salerno

Neben Pompeji wurden auch die Städte Herculaneum, Stabiae und Oplontis zerstört.

Der Augenzeuge Plinius der Jüngere schrieb:

Plinius der Ältere kam beim Vesuvausbruch ums Leben. Plinius der Jüngere schrieb die Erlebnisse seines Onkels auf.

„Die Wolke erhob sich in einer Gestalt, die einer Pinie glich. Am Abend fiel Asche auf die Schiffe, und je näher sie Pompeji kamen, desto heißer und dichter war sie. Auch Lava und schwarze, im Feuer geborstene Steine kamen aus dem Berg. Vom Vesuv her erstrahlten an vielen Stellen weite Flammenfelder und hohe Feuerbrände, deren Blitzen und Leuchten durch die Finsternis der Nacht gesteigert wurde. Am nächsten Morgen zerplatzte eine schreckliche schwarze Wolke, schoss und schleuderte schlangenförmige Feuermassen umher und entlud sich in länglichen Flammengestalten, die wie Blitze aussahen, aber größer waren. Wir flohen aus Misenum und Asche fiel auf uns. Noch war es nicht sehr viel, doch dichter Qualm kam in unserem Rücken bedrohlich näher, wie ein auf die Erde ergossener Sturzbach. Mit der Finsternis kam ein so heftiger und dichter Aschenregen, dass wir oft aufstehen und sie abschütteln mussten, um nicht zugedeckt und von ihrer Last erdrückt zu werden."

POMPEJI HEUTE

ZEUGEN DES AUSBRUCHS

Die Gipsabgüsse zeigen Menschen und Tiere, die in Pompeji lebten. Man kann gut erkennen, was sie gerade machten, als sie vom Vulkanausbruch überrascht und dann von der Ascheschicht bedeckt wurden.

DER AUSBRUCH DES TAMBORA 1815

Der Tambora in Indonesien brach im April 1815 aus. Es war der stärkste Ausbruch eines Vulkans der letzten 20.000 Jahre, 80-mal heftiger als der des Mount St. Helens 1980 im US-Staat Washington. 12.000 Menschen starben direkt durch Asche- und Gaswolken sowie Gesteinsbrocken, viele weitere an den Folgen des Ausbruchs. Das Jahr 1816 wurde weltweit zum Jahr ohne Sommer mit viel Kälte, Regen, Missernten und Hungersnöten.

Ein altes Gemälde zeigt die Eruption

Der damalige Rajah, der Herrscher von Sanggar, erinnert sich:

„Am 10. April brachen am Gipfel drei getrennte Feuersäulen aus. Sie stiegen hellflammend sehr hoch in die Luft und vereinigten sich in einem Feuerstrom. Im Augenblick darauf war der ganze Berg eine Masse glühender Lava, die nach allen Seiten herabströmte. Der ganze Horizont stand in Feuer und Flammen. Eine unbeschreibliche Menge Steine fiel nieder und mit einem Mal entstand ein heftiger Wirbelwind, der alle Häuser umwarf und die Dörfer mit sich in der Luft fortführte. Die größten Bäume wurden mit samt der Wurzel aus dem Boden gerissen und zugleich mit Häusern, Menschen und Vieh in der Luft weggeführt. Das Meer stieg plötzlich 12 Fuss (3,6 Meter) höher und in einem Augenblick waren die fruchtbaren Felder der Insel mit Menschen, Häusern und allem, was sich darauf befand, ein Raub der Wellen.“

Ein Rajah aus Indonesien, ca. 17. Jahrhundert

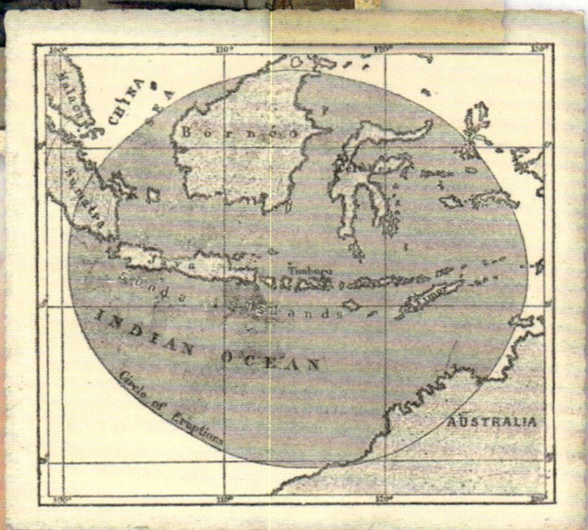

VULKANASCHE ERREICHTE AUCH DIE NACHBARINSEL

Sanggar

So heißt die Halbinsel, auf der sich der Tambora befindet. Sie ist fast vollständig von Lava und Asche bedeckt, die sich bei dem Ausbruch dort meterhoch abgelagert haben.

VERRÜCKTES KLIMA

Große Vulkanausbrüche können das Klima auf der ganzen Welt verändern. Nach dem Ausbruch des Tambora im Jahr 1815 schneite es im Sommer und der Winter war sehr kalt.

So schöne Sonnenuntergänge

Nach Vulkanausbrüchen sind manchmal ganz besonders schöne Sonnenuntergänge zu beobachten. Grund sind die Ascheteilchen in der Luft, die den Himmel besonders rot färben.

LUFTVERKEHR

FLUGZEUGE AM BODEN

Vulkanasche ist für Flugzeuge sehr gefährlich, da sie die Triebwerke verstopfen kann. Deshalb wird der Flugverkehr im Bereich von ausbrechenden Vulkanen oder Aschewolken eingestellt.

Im April 2010 legte der Ausbruch des isländischen Vulkans Eyjafjallajökull den Weltluftverkehr, insbesondere in Europa, für lange Zeit lahm.

DIE EXPLOSION DES KRAKATAU 1883

Papa, kann ein Vulkan sich selbst zerstören?", will Kim wissen. „Doch, so etwas Ähnliches kann passieren", antwortet Janos. „Die Vulkaninsel Krakatau war so ein Fall. 1883 gab es einen Ausbruch mit einer so gewaltigen Explosion, dass drei Viertel der Insel einfach weggesprengt wurden. Der Donner dieses Ausbruchs war noch in 5.000 Kilometern Entfernung zu hören. Seeleuten in der Nähe platzten sogar die Trommelfelle und eine gewaltige Wolke aus Asche und Gestein stieg fast 40 Kilometer hoch in den Himmel. Dann brach sie unter ihrem Gewicht zusammen und fegte als pyroklastischer Strom ganze Inseln und alles Leben darauf hinweg." „Wie schrecklich!" Kim ist ganz erschüttert. „Mussten viele Menschen sterben?" Janos nickt. „Es gab 36.000 Tote: Inselbewohner aber auch Schiffsbesatzungen." „Und jetzt ist der Vulkan weg?" Janos schüttelt den Kopf. „Nicht ganz. Einige Jahre später, 1927, wuchs aus der Caldera des explodierten Vulkans ein neuer. Er wird Anak Krakatau genannt, das Kind des Krakatau. Er ist ebenfalls sehr aktiv und schon mehrmals ausgebrochen."

Inseln vor 1883, in Blau der weggesprengte Teil

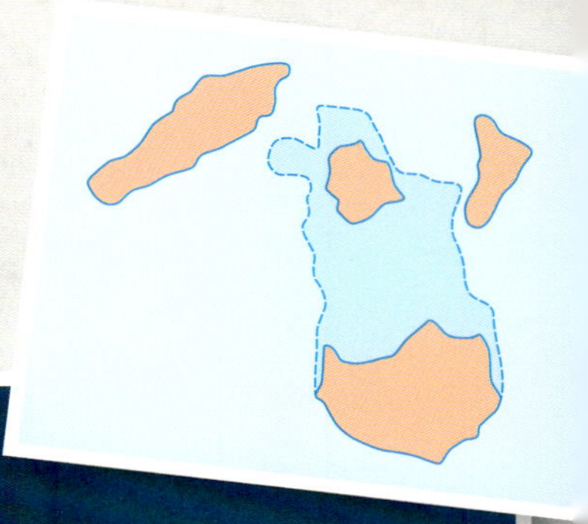

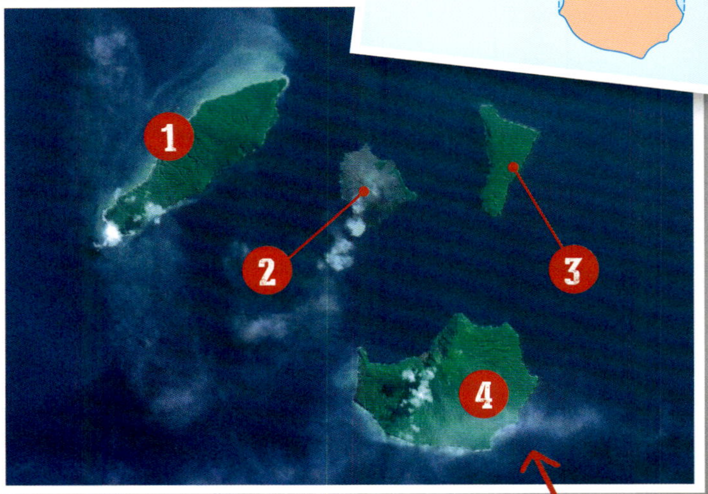

1 Sertung
2 Anak Krakatau
3 Panjang
4 Rakata

DER KRAKATAU HEUTE

Pyroklastischer Strom

So nennt man sehr heiße Wolken aus Asche, Lavafetzen und Gas, die aus dem Vulkan geschleudert werden und in sehr hohem Tempo den Hang hinabrasen. Sie verbrennen alles in ihrem Weg.

Großer Korallenbrocken aus dem Meer, der nach dem Ausbruch des Krakatau 1883 in der Nähe von Carnation an Land geworfen wurde.

DER KRAKATAU VOR DEM AUSBRUCH

Am 8. Mai 1902 riss eine Seite des Vulkans Mount Pelé auf der karibischen Insel Martinique auf. Bei dem Ausbruch wurde die Hafenstadt St. Pierre völlig zerstört.

MOUNT PELÉ, 1902

Der Ausbruch des Mount Pelé dauerte nur ein paar Sekunden, dann waren die Stadt und fast alle ihre Bewohner in den bis zu 1.000 Grad Celsius heißen Glutwolken verbrannt.
Nur drei überlebten. Einer von ihnen war der gefangene Matrose Louis-Auguste Cyparis.
„Sie hatten mich wegen einer Schlägerei ins Gefängnis gesteckt. Das hat mir das Leben gerettet. Als der Berg am Morgen auseinanderbrach, saß ich hinter dicken Mauern. Sehen konnte ich nichts, denn es gab keine Fenster, nur einen kleinen Schlitz und der zeigte vom Berg weg.
Erst war es sehr laut, dann verbrannte mich die ungeheure Hitze. Bis zu 40.000 Menschen starben an diesem Tag und die Stadt war komplett vernichtet. Dass ich überlebte, war ein Wunder. Das fand auch der Gouverneur und erließ mir meine Strafe.
Ich reiste die nächsten Jahre mit einem Zirkus durch Amerika. Viele Leute kamen, um mich zu sehen. Sie schauderten, wenn sie meine Brandwunden sahen und die Geschichte des Ausbruchs hörten."

ST. PIERRE WURDE ZERSTÖRT

Das Gefängnis, in dem Louis-Auguste Cyparis überlebte.

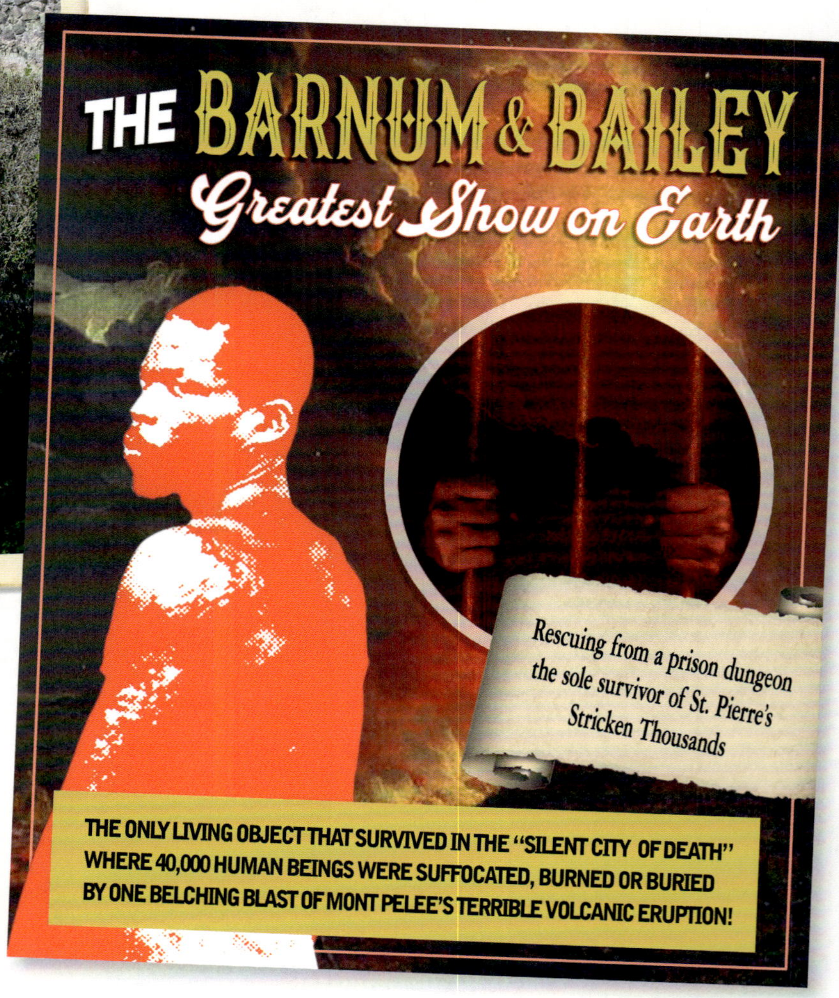

Cyparis schloss sich später dem Zirkus von Barnum & Bailey an, tourte durch Amerika und erzählte von den Schrecken der Explosion.

MOUNT ST. HELENS, 1980

Am 18. Mai 1980 sprengte ein gewaltiger Ausbruch den Gipfel des Vulkans Mount St. Helens weg. Asche-, Geröll- und Schlammlawinen rasten zu Tal und verwüsten die Gegend in weitem Umkreis. Der Holzfäller Gary Shuman erinnert sich:

HUBSCHRAUBER KONNTEN NICHT MEHR FLIEGEN

„Wir arbeiteten seit Tagen am Berg, doch das wurde immer schwieriger. Die Erde hatte immer öfter gebebt und die Hubschrauber hatten deshalb Probleme, das geschlagene Holz abzutransportieren. Sorgen machten wir uns nicht, denn wir waren vom Krater fast 20 Kilometer entfernt. Weit genug – so dachten wir.

Am 18. Mai hörten wir dann ein gewaltiges Donnern. Es kam von der Asche- und Glutwolke, die durch den Wald fegte. Bäume knickten reihenweise wie Streichhölzer und ein heftiger Wind warf uns zu Boden. Meine Haut und die Lunge brannten, es war so entsetzlich heiß und schlagartig dunkel von all der Asche. Ich konnte kaum atmen."

Der Vulkanologe starb bei dem Ausbruch, obwohl er mehr als zehn Kilometer entfernt war.

DAVID A. JOHNSTON

Rettung durch Forschung

Viele Messmethoden sind heute so gut, dass rechtzeitig vor einem Ausbruch gewarnt werden kann.

VULKANE VERSTEHEN

Vulkanausbrüche lassen sich heutzutage viel besser vorhersagen als früher. Mithilfe von Messgeräten gewinnen Wissenschaftler Daten – auch aus Bereichen, in denen sich Menschen nicht gefahrlos aufhalten könnten. Die Daten verraten, ob sich der Berg aufbläht und sich die Magmakammer füllt. Sie messen kleinste Erdbeben und die Zusammensetzung der Gase, die aus dem Berg strömen. Alle diese Hinweise werden ausgewertet. Weisen die Ergebnisse auf einen baldigen Ausbruch hin, wird die Bevölkerung gewarnt.

Bitte hier scannen

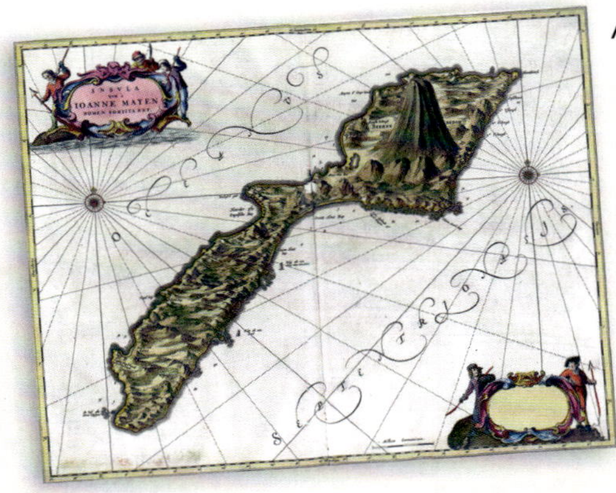

Alte Kartendarstellung eines Vulkans

VULKANE ENTDECKEN

In vielen Kulturen hielt man Vulkane für den Sitz der Götter. Man fürchtete die unberechenbaren Berge und blieb ihnen nach Möglichkeit fern. Alexander von Humboldt (1769–1859), einen Naturforscher und Entdecker, hielt das nicht auf. Er reiste nach Südamerika und bestieg dort mehrere Vulkane, darunter den Chimborazo in Ecuador. Dieser 6.310 Meter hohe Vulkan galt zu Humboldts Zeiten als der höchste Berg der Erde. Humboldt musste wegen Höhenkrankheit zwar 400 Meter unterhalb des Gipfels umkehren, war aber trotzdem der erste Mensch, der es bis in solch eine Höhe geschafft hatte. Er erkannte als Erster, wie Vulkanismus entsteht.

DIE ROSS-EXPEDITION

Andere Vulkane wie der Mount Erebus in der Antarktis wurden eher zufällig entdeckt. Der englische Seefahrer Sir James Ross (1800–1862) unternahm eine Expedition in die Antarktis, als der Vulkan 1841 ausbrach. Der schneebedeckte Berg wurde daraufhin nach einem seiner Expeditionsschiffe benannt.

Pinguine auf der Caldera. Deception Insel, Antarktis

Neuentdeckungen

2017 wurden unter dem Eis der Antarktis 91 neue Vulkane entdeckt. Viele entstehen auch auf dem Meeresgrund und bleiben deshalb lange unentdeckt.

BERÜHMTE MODERNE VULKANOLOGEN

Vulkanologen sind mit den Vorboten von Ausbrüchen vertraut. Trotzdem kommt es vor, dass sie selbst in Gefahr geraten oder sogar sterben, wenn ein Feuerberg Asche und Lava spuckt. Einige der bedeutendsten Vulkanforscher sind so ums Leben gekommen.

KATIA UND MAURICE KRAFFT

Das französische Ehepaar war besessen von Vulkanen. Gemeinsam besuchten sie mehr als 300 Vulkane weltweit und wurden dabei Zeugen von über 175 Ausbrüchen. Sie filmten und fotografierten, hielten Vorträge, schrieben Bücher und Fachartikel und informierten über die Gefahren von Vulkanen. Als Wissenschaftler dokumentierten sie ihre Messergebnisse und Erkenntnisse und sammelten alles, was sie über Vulkane bekommen konnten. Sie starben 1991 in Japan beim Ausbruch des Unzen.

DIE LETZTE FOTOGRAFIE VON HARRY GLICKEN

HARRY GLICKEN

Der US-amerikanische Vulkanologe kannte sich besonders gut am Mount Saint Helens aus. Er erstellte Karten vom Berg und erforschte vulkanische Schuttlawinen. Durch Zufall überlebte er den Ausbruch des Vulkans 1980. Am Abend vorher hatte er den Beobachtungsposten am Berg verlassen. Sein Kollegen David A. Johnston übernahm. Er konnte den Ausbruch am nächsten Morgen noch per Funk melden, bevor ihn die Glutwolke erfasste und tötete. Glicken selbst starb elf Jahre später zusammen mit dem Ehepaar Krafft in einem pyroklastischen Strom am Unzen.

Vulkanologe heute

Vulkanologen untersuchen und überwachen Vulkane, um die Abläufe im Inneren der Erde zu verstehen. Das kann helfen, Ausbrüche vorherzusagen und die Menschen rechtzeitig zu warnen.

GUT AUSGERÜSTET

„Papa, was ist das für ein Metallstock?“ Lilly ist im Arbeitszimmer ihres Vaters und schaut sich den Stab ganz genau an. „Damit nehme ich Lavaproben“, antwortet Janos Broder. „Das flüssige Gestein ist viel zu heiß, um es einfach so anzufassen. Mit der Stange kann ich einen Klumpen aus der Lava fischen. Er erkaltet dann schnell und ich kann ihn untersuchen.“ „Mehr bauchst du nicht, wenn du zu den Vulkanen fährst?“ Lilly staunt.

„Doch, eine ganze Menge mehr. Schau, hier sind die Messgeräte, die ich auch immer mitnehme. Ein Pyrometer, das ist eine Art Thermometer, mit dem ich die Temperatur im Berg messe. Oder mit diesem Neigungsmesser hier kann ich feststellen, ob sich der Vulkan aufbläht. Und mit dem anderen Eisenrohr kann ich Gase auffangen und später untersuchen.“

Bitte hier scannen

Am tollsten finde ich den Helm." Eliah zieht ihn über und schaut durch die goldbeschichtete Scheibe. „Sieht cool aus", findet Kim. „Vor allem ist er praktisch", sagt Janos. „Durch die Scheibe ist das Licht der Lava nicht so grell und der silberne Stoff des Anzuges hält die Hitze ab. Ohne diesen Anzug könnte ich nicht in die Nähe des Kraters. Das wäre viel zu heiß."

1 Aluminisierter Hitzeschutzanzug
2 Schutzhelm
3 Wärmeisolierende Arbeitshandschuhe
4 Fernglas
5 Digitale Videokamera
6 Block mit Stift
7 Digitale Fotokamera
8 Theodolit (Vermessungsinstrument)
9 Anemometer (Windmesser)
10 Barometer (Luftdruckmessgerät)
11 Seismograf
12 Lupe
13 Pyrometer (Infrarot-Thermometer)
14 Akkubohrer
15 Spitzhacke

VULKANOLOGEN BEI DER ARBEIT

„Papa, Papa, ist wieder da!“ Die Kinder hüpfen wie wild um Janos Broder herum, der gerade von einer Reise zum Vulkan Pinatubo auf den Philippinen zurückgekehrt ist. Später, beim Abendbrot, wollen sie wissen, wie es dort war und was er in der Zeit gemacht hat.

VULKANE AUF DEN PHILIPPINEN

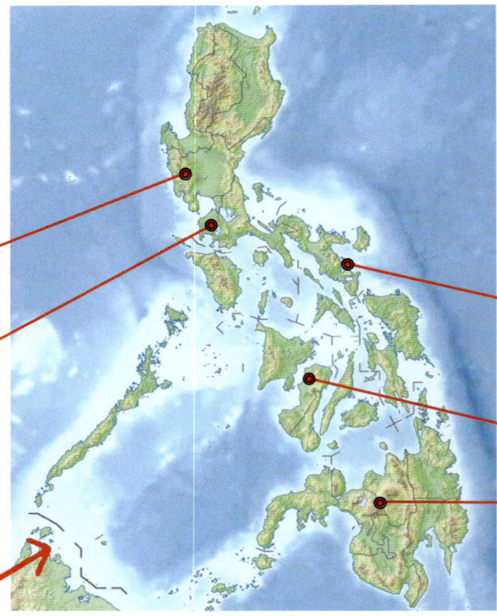

1 Pinatubo
2 Taal
3 Mayon
4 Kanlaon
5 Ragang

„Papa, wenn der Vulkan gar nicht ausgebrochen ist, hattest du doch gar nichts zu tun. Das war doch sicher langweilig“, meint Eliah.
Janos lacht. „Nein, gar nicht! Vulkanologen wie ich beobachten und untersuchen die Feuerberge vor allem, um möglichst gut vorhersagen zu können, wann ein Vulkan ausbrechen wird.

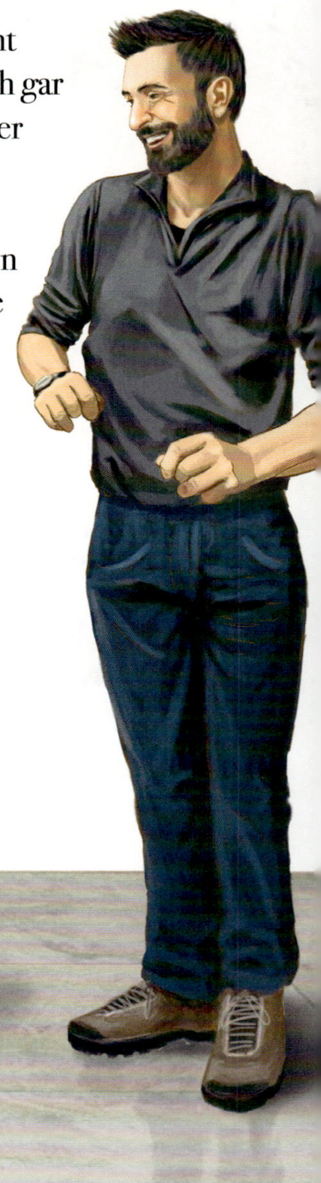

Wir machen viele Messungen, um herauszufinden, ob der Berg aktiver wird oder ob er sich beruhigt. Das ist wichtig, denn viele Menschen leben direkt am Vulkan. Sie müssen rechtzeitig vor einem Ausbruch gewarnt werden. Diesmal habe ich neue Messgeräte an den Hängen des Berges angebracht und die Gase untersucht. Ich habe auch mit den Menschen in den umliegenden Dörfern besprochen, was bei einem Ausbruch zu tun ist. Oft wollen die Bauern nämlich trotz der drohenden Gefahr ihre Felder und Häuser nicht verlassen. Das kann lebensgefährlich sein."

Instrumente eines Vulkanologen

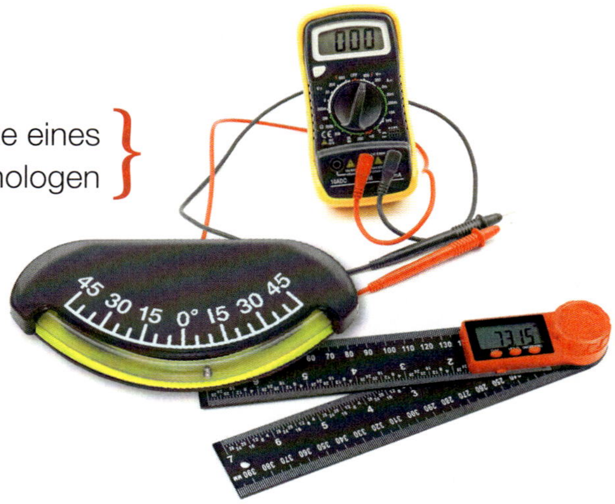

PINATUBO-CALDERA MIT KRATERSEE

Nach dem Ausbruch des Pinatubo im Jahr 1991

Pinatubo

Seit der Pinatubo 1991 überraschend ausgebrochen ist, wird er regelmäßig überwacht. Damals stiegen Aschewolken über 20 Kilometer in die Höhe.

RETTE SICH, WER KANN

„Kannst du einen Vulkanausbruch vorhersagen?“ wollen die Kinder von Janos wissen. „Nein, leider nicht ganz genau“, sagt Janos. „Dabei werden die besonders gefährlichen Feuerberge wie der Merapi in Indonesien inzwischen gut überwacht. Der Berg ist gespickt mit Messgeräten, die jede Bewegung des Vulkans und Änderung der Gaszusammensetzung aufzeichnen.

Vulkanologen aus der ganzen Welt forschen dort und besprechen ihre Erkenntnisse mit den zuständigen Behörden. Und die warnen dann die Menschen, die am Berg leben, wenn es Anzeichen für einen Ausbruch gibt.“

So war es auch 2010. Im Umkreis von 15 Kilometern wurden die Menschen aufgefordert, ihre Häuser zu verlassen und sich in Sicherheit zu bringen. Als der Merapi dann ausbrach und pyroklastische Ströme, sowie Schlamm- und Schuttströme, sogenannte Lahare, den Berg hinabrasten, begruben sie aber auch noch Dörfer in größerer Entfernung. Die Schutzzone wurde deshalb auf 20 Kilometer ausgeweitet. Trotz der Warnungen starben über 300 Menschen in den Glutwolken, viele konnten aber auch gerettet werden.

Lahar

So nennt man einen vulkanischen Schlammstrom. Er entsteht bei Vulkanausbrüchen unter einem Gletscher oder wenn sich die Vulkanasche mit Regen mischt.

Heißer Schlamm und kochendes schwefelsaures Wasser auf einem Lahar-Feld

FRÜHWARNSYSTEME

Janos erklärt: „Städte, die direkt am Vulkan liegen, haben Notfallpläne. Macht sich der Berg bemerkbar, werden die Menschen, die am nächsten dran sind, zuerst evakuiert. Das heißt, sie werden an einen sicheren Ort gebracht.“

SIRENEN WARNEN VOR EINEM TSUNAMI

Schilder zeigen den Fluchtweg bei einer Tsunami-Warnung.

DER WELLE ENTKOMMEN

Bricht ein Vulkan auf einer Insel aus, stürzen manchmal große Mengen Steine und Geröll ins Meer. Sie können, wie bei Seebeben, die unter dem Meeresboden stattfinden, einen Tsunami auslösen. Die gewaltige Flutwelle kann noch in weit entfernten Ländern große Überflutungen auslösen. Kündigen die Sirenen einen Tsunami an, fliehen die Menschen auf den nächsten Berg oder ins Landesinnere. In vielen Gegenden gibt es Markierungen auf den Straßen oder an Hauswänden. So wissen die Menschen, ob sie schon in Sicherheit sind.

TSUNAMI NACH EINEM VULKANAUSBRUCH

TSUNAMI NACH EINEM SEEBEBEN

STUMME VÖGEL, ZAPPELIGE ZIEGEN

Manche Tiere haben eine Art sechsten Sinn. Sie merken, wenn sich im Untergrund etwas tut und fliehen vor der drohenden Gefahr. Schon vor mehr als 3.000 Jahren beobachteten Menschen, dass sich Tiere vor einem Erdbeben oder Vulkanausbruch anders als sonst verhielten. Vögel verstummten, Hunde bellten, Haustiere wurden unruhig und Wildtiere flohen. Anscheinend hatten sie die Vorzeichen der Katastrophe erkannt.

ZIEGEN AM ÄTNA

Wissenschaftler haben am Ätna beobachtet, dass Ziegen vor einem Ausbruch unruhig wurden. Sie statteten die Tiere mit Sendern aus und werteten anschließend ihre Bewegungen aus. Anhand der gesammelten Daten konnten sie nachweisen, dass die Ziegen ungefähr zwei Stunden vor einem Ausbruch Deckung suchten. Zu diesem Zeitpunkt hatten die Instrumente der Vulkanologen noch nicht angeschlagen. Jetzt wird überlegt, ob Ziegen auch in anderen gefährdeten Regionen zur Frühwarnung eingesetzt werden können.

DIE FLUCHT DER SCHLANGEN

Auch vor dem Ausbruch des Mount Pelé im Jahr 1902 flohen die Tiere. Augenzeugen berichteten, dass Scharen von Ameisen und Hundertfüßern aus der Erde kamen. Giftige Lanzenschlangen flohen mitten durch die Stadt St. Pierre. Zwei Tage später brach der Vulkan aus.

FLIEHEN VOR GEFAHR

Elefanten spüren einen kommenden Tsunami frühzeitig.

Den Elefanten nach

In Sri Lanka flohen im Jahr 2004 plötzlich viele Elefanten ins Landesinnere. Kurz darauf traf ein verheerender Tsunami die Küste und tötete Tausende von Menschen. Die Tiere und Menschen im Landesinneren überlebten.

DIE LAVA AUFHALTEN

Wie Vulkane entstehen und warum sie ausbrechen, können wir uns heute wissenschaftlich erklären. In einigen Gegenden, zum Beispiel im Südpazifik, wo es viele aktive Vulkane gibt, spielt dieses Wissen keine große Rolle. „Der Vulkan ist ein Geist", heißt es dort. „Er will respektiert und besänftigt werden." Im abgelegenen Dorf Lalinda auf der Insel Ambrym ist ZakZak dafür zuständig. Er ist der Hüter des Vulkans und ein sehr angesehener Mann. Von seinem Vater hat er gelernt, wie man den Vulkan gnädig stimmt. Sollte er dennoch ausbrechen, würde ZakZak den Lavastrom stoppen – so wie es schon sein Großvater und sein Vater taten. Magische Pflanzen und Beschwörungsformeln halfen ihnen dabei.

DER MARUM-KRATER IN VANUATU

Gott des Feuers

Der Name Vulkan leitet von der Insel Vulcano mit dem gleichnamigen Vulkan nördlich von Sizilien ab. Sie galt als Schmiede des römischen Gottes des Feuers Vulcanus.

Der Bromo ist ein sehr aktiver Schichtvulkan auf der indonesischen Insel Java.

Auch in Indonesien ranken sich Legenden um die Vulkane. Eine von ihnen erzählt von einer Prinzessin, die dem Vulkan Bromo ihr jüngstes Kind opfern musste. Noch heute bringen die Menschen dem Feuerberg deshalb einmal im Jahr Opfergaben dar: Reis, Blüten, Früchte, Gemüse und lebende Tiere werden von einem Priester geweiht und in einer Zeremonie in den Krater geworfen. Dort warten dann schon die Armen und versuchen, etwas von den Gaben aufzufangen.

LEBEN AM VULKAN

Vulkane können sehr gefährlich sein. Wenn sie ausbrechen, verwüsten sie die Umgebung und vernichten Ernten. Oft sterben auch Menschen und Tiere in den Glut- und Schlammwolken. Trotzdem befinden sich am Fuß vieler Vulkane kleine Dörfer oder sogar Millionenstädte. Haben die Menschen, die dort leben keine Angst vor einem Ausbruch? Die meisten vertrauen darauf, dass der Vulkan ruhig bleibt oder sie rechtzeitig gewarnt werden und fliehen können. Es gibt aber auch Bauern, die ihre Häuser und Felder selbst dann nicht verlassen möchten.

REISE ZUM VULKAN

Vulkane sind faszinierend. Auf manche Menschen üben sie eine magische Anziehungskraft aus. Du möchtest einmal am Krater eines Vulkans stehen und von dort in den Abgrund blicken, am liebsten in einen, in dem unten ein Lavasee brodelt? Viele Reiseveranstalter bieten inzwischen Vulkan-Touren an. Auf manche Feuerberge kann man ganz bequem mit dem Reisebus fahren, zu anderen ist eine mehrtägige Wanderung notwendig.

Der berühmte Vulkan Fuji in Japan

DER ÄTNA

Der Ätna ist ein Vulkan auf Sizilien. Er ist der höchste aktive Vulkan auf der Eurasischen Platte. Im Winter fällt Schnee, der sich in höheren Lagen bis fast in den Sommer hinein hält. Skifahren am Ätna ist zweifellos eine faszinierende und einzigartige Erfahrung.

Santorini

Die antike Stadt Akrotiri auf der griechischen Insel Santorin wurde beim Ausbruch des Vulkans im Jahr 1627 v. Chr. zerstört. Die Ausgrabungen an der archäologischen Fundstätte begannen 1967.

DIE KANARISCHEN INSELN

Die im Atlantischen Ozean gelegenen Kanarischen Inseln sind vulkanischen Ursprungs. Es sind sieben Inseln, auf denen es auch heute noch aktive Vulkane gibt: Gran Canaria, Fuerteventura, Lanzarote, Teneriffa, La Gomera, La Palma und El Hierro. Besonders auf den Inseln La Palma, Lanzarote und Teneriffa sind die Vulkane zu Touristenattraktionen geworden. Der Pico del Teide auf Teneriffa ist mit 3.715 Metern auch der höchste Berg Spaniens.

DAS GESCHENK DES VULKANS

Regnet es bei einem Vulkanausbruch Asche, verschwinden die Felder und die Früchte unter einer grauen Schicht. Das ist schlecht, wenn die Ascheschicht sehr hoch ist, denn dann fallen die nächsten Ernten aus. Liegt die Asche dagegen höchstens zehn Zentimeter hoch, freuen sich die Bauern. Vulkanasche ist nämlich ein wunderbarer Pflanzendünger. Sie enthält Kalium, Calcium und Phosphor und macht den Boden sehr fruchtbar. Außerdem bindet sie Wasser und versorgt die Pflanzen so mit ausreichend Feuchtigkeit.
In Vulkanasche gedeihen unter anderem Wein und Bananen, Orangen, Mandarinen und Zitronen. An den Hängen des Ätna werden außerdem Feigen und Oliven geerntet sowie Weizen angebaut. In höheren Lagen wachsen Kastanien, Haselnüsse sowie Apfel-, Birnen- und Kirschbäume.

Pflanzen wachsen auf Lava

Werden Felder und Plantagen unter einem Lavastrom begraben, sind sie verloren. Es dauert Jahrzehnte, bis sich dort wieder Pflanzen ansiedeln.

VULKANWEIN

Erinnert ihr euch an Lanzarote und wie dort gegrillt wird?“ Anna schaut die Kinder an und die nicken. „Auf Lanzarote gibt es noch eine Besonderheit – den Weinanbau. Eine Winzerin im Naturschutzgebiet La Geria hat mir mal erzählt, wie sie das macht: Um einen Weinstock zu pflanzen, grabe ich einen Trichter in die Asche. Er ist ungefähr zwei Meter tief und dort hinein kommt die Rebe. Immer nur eine pro Mulde. In der lockeren Asche kann sie gut wurzeln. Damit sie vor dem Wind geschützt ist, baue ich aus Lavasteinen noch eine halbrunde Mauer auf dem Trichterrand. Das war’s. Gießen muss ich nicht. In der Nacht fällt Tau und versorgt die Pflanze mit Wasser. Tagsüber speichert die schwarze Asche die Wärme und gibt sie an die Pflanze ab. Ohne den Vulkan gäbe es auf Lanzarote wahrscheinlich keinen Weinbau. Die Ascheschicht ist für uns ein großes Glück.“

Lavagestein eignet sich gut für den Weinanbau. Vulkanweine kommen von Lanzarote und den anderen Kanarischen Inseln. Weinberge gibt es aber auch am Ätna, auf Vulcano und auf Stromboli.

HEISSE QUELLEN

Dort, wo unterirdisch Magma brodelt, ist auch das Grundwasser warm. An manchen Orten tritt es in Form von heißen Quellen an die Oberfläche. Ist es nicht zu heiß, kann man darin baden. Die alten Römer nutzten diese Warmwasserquellen und errichteten über ihnen Badehäuser, die sehr beliebt und gut besucht waren. In Japan nutzt man diese Vorzüge bis heute.

JAPANISCHES BADEHAUS

BLAUE LAGUNE

Die Blaue Lagune ist ein natürliches Badeparadies auf Island. Das Wasser ist durch die darin enthaltene Kieselsäure hellblau und der Vulkanismus sorgt für eine kuschelige Badetemperatur von 38 Grad Celsius.

Badeparadies auf Island

Thermalquelle

So nennt man eine Wasserquelle, in der das Grundwasser mehr als 20 Grad Celsius warm ist.
Oft ist sie sehr mineralhaltig und wird auch als Heilquelle genutzt.

AFFEN BADEN

Auch Tiere schätzen ein Bad in warmem Wasser.
Das gilt besonders für Gegenden, in denen es recht kalt werden kann. In Japan baden die Rotgesichtsmakaken in den Wintermonaten gern in den heißen Thermalquellen. Forscher fanden heraus, dass die Affen dabei Stress abbauen und entspannen.

GEYSIRE

In der Nähe von Vulkanen trifft man häufig auch auf Geysire. Ähnlich wie bei einem Springbrunnen schießt Wasser in großen Fontänen aus dem Boden. Dieses Schauspiel wiederholt sich in regelmäßigen Abständen. Der älteste bekannte Geysir ist der Große Geysir in Island. Er wurde bereits im 13. Jahrhundert beschrieben und schoss im Jahr 1845 sogar 170 Meter hoch. Derzeit sind es aber nur noch etwa zehn Meter.

Der Strokkur-Geysir ist ebenfalls in Island und zieht die meisten Besucher an. Er bricht alle vier bis zehn Minuten aus und erreicht Höhen von 15 bis 20 Metern. Im Yellowstone-Nationalpark in den USA kann man den Steamboat-Geysir bestaunen. Er ist der derzeit größte aktive Geysir und erreicht rund 90 Meter Höhe. Im gleichen Park liegt der Geysir Old Faithful, der seit seiner Entdeckung über eine Million Mal ausgebrochen ist.

Geysa

Im Isländischen bedeutet das Wort „geysa“ herausspritzen. Davon leitet sich der Fachbegriff Geysir ab, der alle geothermalen Springquellen bezeichnet.

Bitte hier scannen

ENERGIE AUS DEM VULKAN

Im Erdinneren herrschen sehr hohe Temperaturen. Könnte man diese Wärme nicht nutzen? Das geht tatsächlich und oft muss man dafür gar nicht so tief bohren. Ohne Wasser geht es aber nicht, weil über das heiße Wasser die Hitze an die Oberfläche tranportiert wird. Erdwärme wird zum Beispiel in Island gewonnen, wo es sehr viele Vulkane gibt. Heißen Dampf und heißes Wasser gibt es dort direkt aus dem Boden und die Isländer heizen damit ihre Wohnungen und Gewächshäuser.

Auch in Deutschland gibt es Regionen, in denen die Geothermie genutzt wird, zum Beispiel in Bayern. Dort werden unterirdische heiße Quellen angezapft. Das heiße Wasser wird an die Erdoberfläche gepumpt und in Geothermie-Anlagen zu Heizwärme und Strom umgewandelt. Die Nutzung der Erdwärme fing in einem geheimnisvollen Tal in der Toskana (Italien) an, genannt das „Tal des Teufels".

FONTÄNEN AUS WASSER: GEYSIRE

Geysire entstehen in Gebieten mit aktivem Vulkanismus, wenn drei Bedingungen erfüllt sind: Es muss genug Wasser, ausreichend Wärme aus dem abkühlenden Magma und hoher Druck vorhanden sein.

1 Bachlauf
2 Versickerndes Wasser
3 Magmakammer
4 Erwärmtes Wasser
5 Wasserreservoir
6 Geysir-Kanal
7 Wasserfontäne
8 Zurücklaufendes Wasser

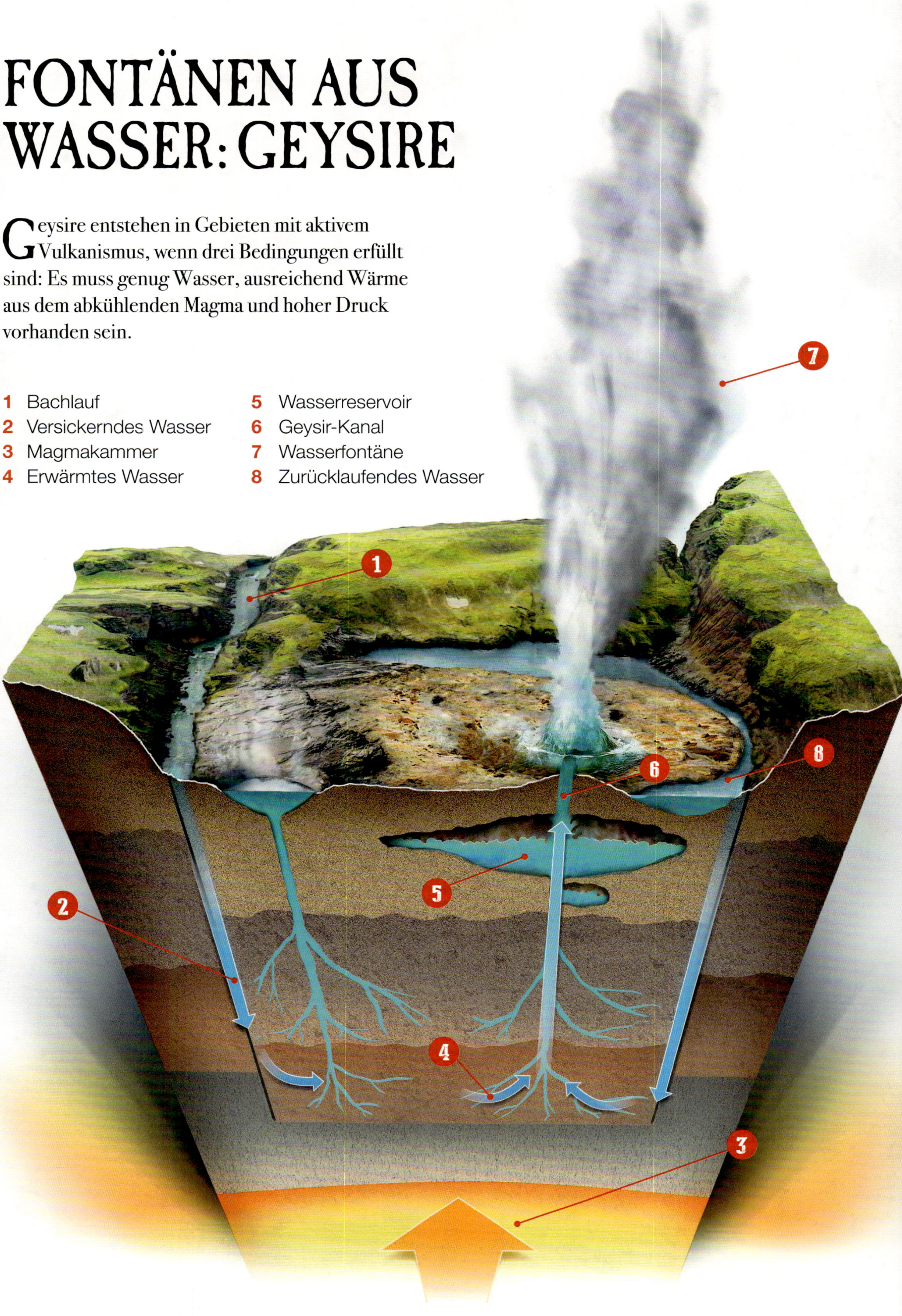

WIE FUNKTIONIERT EIN GEYSIR?

Das Wasser sammelt sich in einer unterirdischen Erdschicht, die wenig oberhalb der Magmakammer liegt und wird dort erhitzt. Es beginnt zu kochen und steigt in ein Wasserreservoir auf. Da es nicht entweichen kann, baut sich ein immer größerer Druck auf. Wird dieser zu groß, schießt das Wasser durch den engen Geysir-Kanal explosionsartig nach oben und steigt als Wasserfontäne auf. Ein Teil des Wassers verdampft dabei schlagartig. Erst wenn sich der Druck im Wasserreservoir wieder aufgebaut hat, kann die Springquelle erneut ausbrechen.

EIN GEYSIR IN AKTION

Seit über 10.000 Jahren nutzen die Menschen die Erdwärme. Vor etwa 2.000 Jahren, leiteten die Römer heißes Wasser durch Rohre und beheizten so die Fußböden ihrer Häuser und die Bäder. Anhand von Ausgrabungen weiß man, dass die Römer in Pompeji ihre Villen mit Erdwärme beheizten. Das erste bekannte Fernwärmenetz entstand im 14. Jahrhundert in Frankreich, im kleinen Örtchen Chaudes-Aigues, das auch heute noch berühmt für seine heißen Quellen ist.

Gebiet von San Federico, Larderello; man kann deutlich einige Seen und Fumarolen sehen.

Ein Ranger vor einem Geysir im Yellowstone-Nationalpark

GESCHICHTE DER GEOTHERMIE

DAS TAL DES TEUFELS

Unheimlicher Nebel, brodelnde Schlammpfützen, bestialischer Gestank – das muss das „Tor zur Hölle“ sein. So dachten die Menschen in der Toskana in früheren Jahrhunderten über dieses Tal bei Larderello und so heißt es bis heute: Valle del Diavolo – Tal des Teufels. Damals wussten die Menschen noch nicht, dass wenige Hundert Meter unter ihren Füßen Wasser durch Magma zum Kochen gebracht wurde und beim Aufsteigen Schwefel aus dem Gestein löste. Als Schwefelwasserstoffdampf stieg dieser an die Oberfläche und zog als stinkende Nebelschwaden durch das Tal.

DER GEOTHERMISCHE PARK BIANCANE UND DAS ZENTRUM MONTEROTONDO MARITTIMO

DIE PIONIERZEIT 1900–1932

WASSER ZU STROM

Heißes Wasser kann man direkt zum Heizen benutzen. Man kann damit aber auch Strom erzeugen. So geschah es zuerst im italienischen Ort Larderello zu Beginn des 20. Jahrhunderts. Die Geschichte fing aber bereits vorher an, als Francesco Larderel aus dem kochenden Thermalwasser Borsäure gewann, die in der Pharmazie verwendet wird. Um die Produktion zu steigern, begann er schon bald mit unterirdischen Bohrungen. Dafür wurden immer mehr technische Geräte gebraucht, die Energie benötigten. Die entscheidende Idee kam aber erst Prinz Piero Ginori Conti. Er war Besitzer eines Chemiewerks und nutzte 1904 als Erster die Wärme aus der Erde zur Stromerzeugung. Er leitete den heißen Dampf, der dort aus dem Boden zischte, durch eine Turbine und brachte so fünf Glühlampen, die mit ihr verbunden waren, zum Leuchten.

Nachtansicht des geothermischen Kraftwerks San Martino, das seit 2005 in Betrieb ist.

Seine Anlage in Larderello war die erste geothermale stromerzeugende Anlage der Welt, damit gilt er als deren Begründer. Diese Anlage wurde kontinuierlich erweitert und konnte bereits 1913 die Stadt Volterra mit Strom versorgen. Heute ist in Larderello, mit dem Kraftwerk „Valle Secolo“ und weiteren das größte geothermische Kraftwerk Europas in Betrieb.

Die Geothermie

Die zwei aus dem Griechischen stammenden Teile im Wort zeigen, um was es geht: „Geo“ heißt Erde und „Thermie“ weist auf die Temperatur hin. Geothermie beschäftigt sich also mit der Wärme in der Erde.

1 1900 Fabrik und Raffinerie von Borsäure
2 1904 Dampfgetriebenes Rad
3 1904 Piero Ginori Conti mit seiner Erfindung
4 1913 Kraftwerk Nr. 1 in Larderello
5–8 1929–1932 Die „Zähmung“ des Dampfes

GEOTHERMIE WELTWEIT

Längst wird professionell nach Orten gesucht, wo sich der Bau eines Geothermiekraftwerks lohnen würde. Denn die Energiegewinnung aus Erdwärme hat viele Vorteile. Sie ist immer verfügbar sowie unabhängig von Tages- und Jahreszeiten.
Länder mit vulkanischer Aktivität wie Island (1), Italien (2), Neuseeland (3) und Indonesien (4) haben Glück, denn sie müssen nicht tief bohren, um Erdwärme zu gewinnen. Doch auch in Gegenden ohne aktiven Vulkanismus kann man mit der Erdwärme Strom erzeugen und Heizenergie gewinnen. Allerdings muss man dafür viel tiefer bohren.

Gegenwärtig nutzen 88 Länder der Welt geothermische Energie, um Strom oder Wärme zu erzeugen.

ISLAND

In Island, wo es viele aktive Vulkane und Geysire gibt, kann Erdwärme sehr leicht genutzt werden. So kommen dort Dampf und warmes Wasser direkt aus dem Boden und werden zur Beheizung von Wohnungen und Gewächshäusern verwendet. Sogar Bananen können da wachsen, obwohl es im Sommer kaum über 20 Grad Celsius warm wird. In Island wurde sehr intensiv zum Thema Geothermie geforscht. Daher gibt es hier die größten Kraftwerke mit der neuesten und modernsten Technik.

Straßenheizung

Auf Island gibt es sogar Straßen mit „Fußbodenheizung". Das ist praktisch, denn dann bleiben Schnee und Eis im Winter nicht liegen und es fährt sich viel angenehmer.

DEN BODEN RÜTTELN

Auch in Deutschland wird Erdwärme genutzt. In Bayern zum Beispiel werden unterirdische heiße Quellen angezapft. Aus dem so gewonnenen heißen Wasser werden in Geothermie-Anlagen Heizwärme und Strom erzeugt. Das abgekühlte Wasser wird durch ein zweites Bohrloch wieder in die Tiefe befördert. Um diese heißen Quellen zu finden, werden zum Beispiel spezielle Fahrzeuge, sogenannte Vibrotrucks, eingesetzt. Sie erzeugen mit schweren Gewichten Schallwellen, die in die Erde geschickt werden. Anhand des Echos, das zurückgeworfen wird, kann man feststellen, ob sich eine Bohrung überhaupt lohnen würde. Das funktioniert ähnlich wie bei einem Echolot.

Die Messgeräte werden platziert, bevor die Vibrotrucks kleine künstliche Erdbeben erzeugen.

Bitte hier scannen

Viele Vibrotrucks setzen die Stempel auf und versetzen den Boden in Schwingungen.

WASSER ODER NICHT?

Bei der Tiefengeothermie reichen die Bohrlöcher bis in eine Tiefe von 3.000 bis 7.000 Metern. Dort befindet sich dann entweder heißes Wasser, das direkt an die Oberfläche gepumpt wird, oder heißes Gestein. Es lässt sich ebenfalls zur Wärmegewinnung nutzen. Dazu pumpt man unter hohem Druck kaltes Wasser durch das heiße Gestein. Dabei entstehen Risse und Spalten im Gestein, durch die das Wasser fließt und sich dabei erwärmt. Dadurch wird es ebenfalls nach oben befördert.

Auf Granit beißen

Dieser Bohrer frisst sich in die Tiefe und erzeugt das Loch, durch das das heiße Wasser an die Erdoberfläche transportiert werden kann. Je nach Bodenschicht werden verschiedene Bohrköpfe verwendet.

BOHRKOPF

Erdwärme

Überall wo es sich nicht lohnen würde zu bohren, kann man trotzdem Wärme aus dem Boden nutzen. Zwar ist das nicht Wärme aus dem Erdinneren, sondern durch die Sonne erzeugte, die den Boden aufgeheizt hat. Mithilfe von Wärmepumpen kann man diese Wärme noch zum Heizen nutzen.

WENN SICH DER BODEN BEWEGT

Beide Methoden sind nicht ganz ungefährlich. So kann es bei den Bohrungen zu Lecks kommen, wie im Jahr 2007 in Staufen im Breisgau. Dabei gelangte Wasser aus der Bohrleitung in eine Gesteinsschicht, die mit dem Wasser reagierte und aufquoll. In der Folge hoben sich die Gebäude des Ortes, viele bekamen Risse und einige mussten sogar abgerissen werden. Die Tiefenbohrungen können aber auch kleine Erdbeben auslösen, wenn das Gestein dem Druck des hineingepumpten Wassers nicht standhält und auseinanderbricht oder sich verschiebt. Einige Geothermiekraftwerke wurden deshalb sogar wieder stillgelegt.

KONTROLLE IST WICHTIG

Arbeiter, die die Anlagen überwachen, haben eine besondere Ausbildung.

AUSSERIRDISCHE VULKANE

Vulkane gibt es auch außerhalb unseres Planeten. Die nächsten befinden sich auf dem Mond. Die riesigen Lavafelder sind als dunkle Flecken auf dem Mond zu erkennen. Sie werden Mare genannt. Das ist das lateinische Wort für Meer. Ausbrechen können die Vulkane auf dem Mond nicht mehr. Sie sind schon vor mehr als einer Milliarde Jahre erloschen.

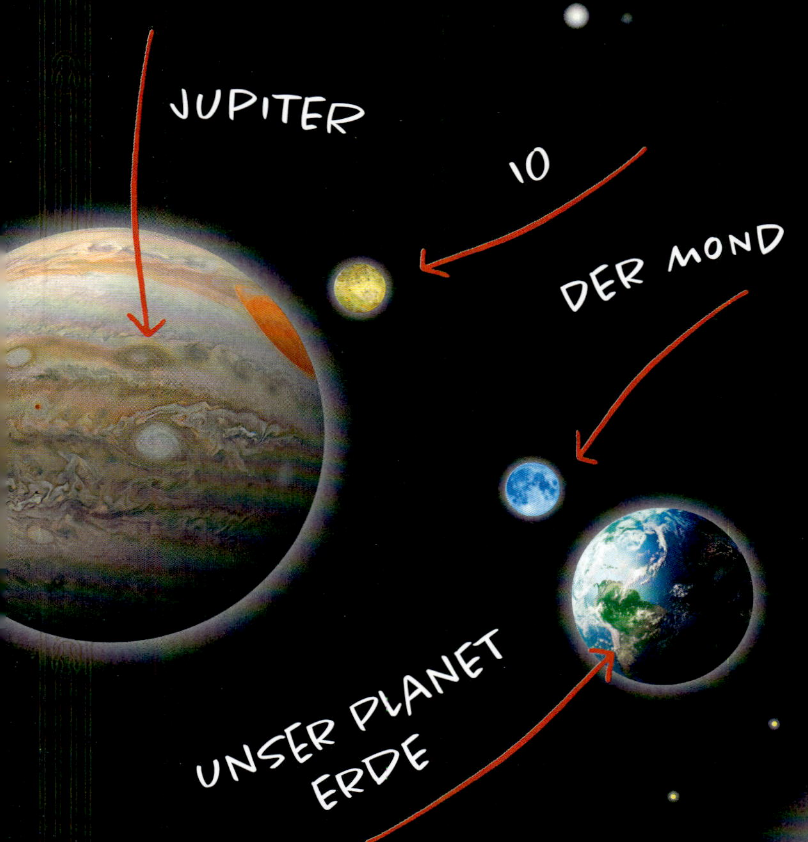

IO

Der Jupitermond Io ist für Vulkanologen und Geologen besonders interessant, denn dort sind Lavaströme, kilometerhohe Gasfontänen und Calderas zu erkennen. Über 150 aktive Vulkane gibt es auf Io.

MARS

Auf dem Mars gibt es den größten Vulkan im gesamten Sonnensystem. Er trägt den Namen Olympus Mons, also Berg Olymp. Er ist mit einer Höhe von circa 24 Kilometern und einem Durchmesser von fast 600 Kilometern etwa 20-mal größer als der größte Vulkan der Erde, der Mauna Loa auf Hawaii. Alleine seine Caldera hat einen Durchmesser von 70 Kilometern. Auch er wird nie wieder ausbrechen.

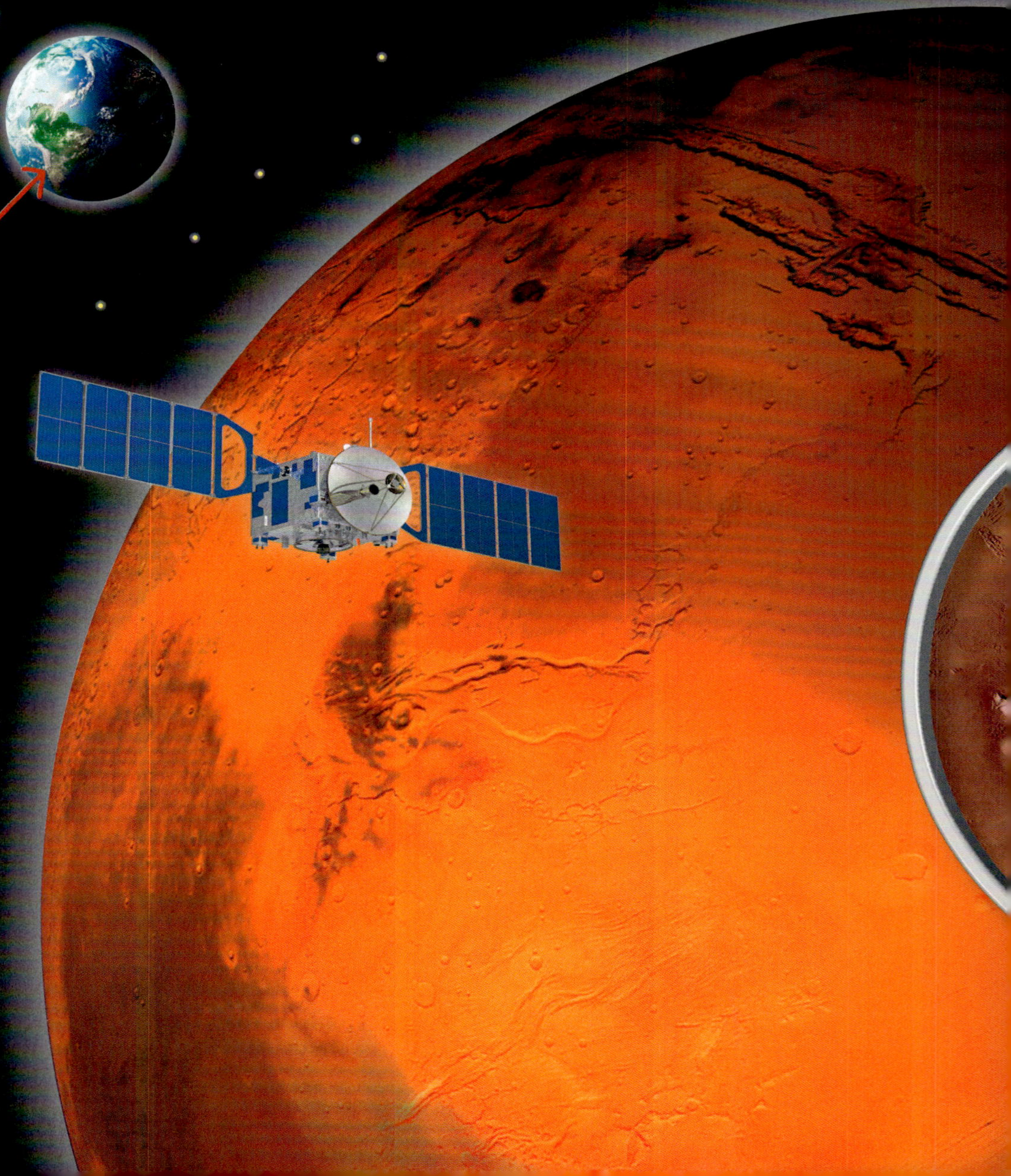

VENUS

Mehrere Schildvulkane konnten mit Hilfe von Raumsonden auf der Venus entdeckt werden. Wissenschaftler gehen davon aus, dass sie aktiv sind, denn es konnten Ascheströme und Gase gemessen werden. Der Maat Mons ist mit rund acht Kilometern Höhe der größte Vulkan dort.

Pfannkuchen auf der Venus

Die Vulkane auf der Venus bilden flache Kuppeln, sogenannte Pfannkuchenkuppeln.

VULKANEXPERTE WERDEN

Vulkane sind also nicht nur für Vulkanologen interessant. Du hast gesehen, dass auch viele andere Menschen sich mit den Auswirkungen des Vulkanismus beschäftigen. Park-Ranger in Nationalparks, Astronomen, die Vulkane auf anderen Planeten studieren, um die Geschichte unseres Sonnensystems zu erforschen. Geologen, die nach geeigneten Standorten für Geothermieanlagen suchen. Sie alle sind Experten in ihrem Fachgebiet.

BIST DU EIN VULKANEXPERTE?

Du hast in diesem Buch bereits eine Menge über Vulkane und Vulkanismus gelernt. Teste dein Wissen und werde zum Vulkanprofi.
Lies die Fragen. Welche Antwort stimmt? Kreuze an.

1 Wie nennt man geschmolzenes Gestein, das die Erdoberfläche durchbricht?
A. Magma
B. Lava

2 Wie viele aktive Vulkane gibt es auf Indonesien?
A. Mehr als 50
B. Mehr als 120

3 Welcher Vulkantyp ist gefährlicher?
A. Schichtvulkan
B. Schildvulkan

4 Welcher Vulkan liegt auf Sizilien?
A. Ätna
B. Vesuv

5 Welcher Vulkan ist schneebedeckt?
A. Mount Erebus
B. Mount St. Helens

6 Was zeichnet einen Supervulkan aus?
A. Er ist superhoch
B. Er hat eine sehr große Magmakammer

7 Warum leben trotz der Gefahr Menschen am Vulkan?
A. Weil der Boden dort meist sehr fruchtbar ist
B. Weil es dort billige Häuser gibt

8 Was ist ein Geysir?
A. Ein vulkanisches Gestein
B. Eine Wasserfontäne

9 In welchem Land wird besonders viel mit Erdwärme geheizt?
A. Island
B. Deutschland

10 Was wird in Geothermiekraftwerken an die Oberfläche befördert?
A. Strom
B. Heißes Wasser

LÖSUNGEN: 1B, 2B, 3A, 4A, 5A, 6B, 7A, 8B, 9A, 10B

ENERGIEHELD*IN WERDEN

Wenn du die Fragen alle beantworten konntest, interessiert dich vielleicht auch das Angebot von Herrn Dr. Zosseder. Er ist Professor an der Technischen Universität in München und Experte für Geothermie. Mit seinem Team sucht er nach geeigneten Standorten für geothermische Anlagen in Deutschland.

Liebe Vulkanexpertin und lieber Vulkanexperte,

Vulkane und Energiegewinnung sind sehr spannende Themen – finden auch mein Team und ich. Geothermie, also Energie aus dem Erdinneren, wird eine der wichtigsten Energiequellen der Zukunft sein. Dazu brauchen wir gute Fachleute, die uns helfen, diese nachhaltige und umweltschonende Energieversorgung zu bauen.

Das sind die Aufgaben:
Zuerst müssen wir den Boden und das Gestein untersuchen, um herauszufinden, wo und ob sich eine Bohrung lohnen würde. Dies wird von **Geolog*innen** und **Mineralog*innen** erforscht. Dann brauchen wir **Bohrexpert*innen,** denn sie kennen die Bohranlagen und wissen, wie gebohrt wird. Die **Energieingenieur*innen** unterstützen sie dabei und konstruieren die Technik, mit der der Dampf in Strom und Wärme umgewandelt werden kann. Gleichzeitig planen und entwickeln **Architekt*innen** die Gebäude, in denen die Kraftwerksteile stehen werden, und die **Bauingenieur*innen** bauen dann alles. Damit das fertige Kraftwerk sicher funktionieren kann, überwachen **Betriebstechniker*innen** die Anlagen und sorgen für den reibungslosen Ablauf.

Für all diese Berufe ist zuallererst einmal große Neugier erforderlich. Wenn du willst, kannst du dem Sophie Verlag schreiben, was dich besonders begeistert und was du noch wissen möchtest. Wir treffen uns dann in der Community des Verlages und ich werde deine Fragen beantworten oder dir mehr über Geothermie erzählen.

Bis bald
Euer Professor

DER VULKAN AUS DER FLASCHE

Bastle dir selbst einen Vulkan und lasse ihn ausbrechen.

Dazu benötigst du folgende Zutaten:

- 1 kleine Plastikflasche mit kleiner Öffnung
- 1 Kaffeefilter
- Knete
- ein wasserfestes Tablett oder eine Schüssel mit geradem Boden
- Dekomaterial
- Schälchen und Trichter
- 1 Tütchen Natron
- 1 Päckchen Zitronensäure
- Wasser
- schäumendes Spülmittel
- etwas Lebensmittelfarbe

SO GEHT'S:

1 Nimm die kleine Plastikflasche und umwickle sie mit einem Streifen gefalteten Zeitungspapier. Damit alles glatt aussieht, stülpst du den abgeschittenen Kaffeefilter darüber. Mit Knete kannst du dem Vulkankegel Form und Farbe geben, damit er später in deine Landschaft passt.

2 Platziere deine Landschaft am besten auf einem wasserfesten Tablett oder in einer Schüssel mit geradem Boden.

3 Mische drei Teile Zitronensäure mit einem Teil Natron. Am besten benutzt du dazu ein Schälchen, damit du die Mischung einfacher mit einem Trichter in deinen Vulkan füllen kannst.

4 Fülle ein Glas oder Fläschen mit Wasser. Gib etwas Spülmittel hinein und träufle wenige Tropfen Lebensmittelfarbe dazu. Vorsichtig mischen – nicht zuviel, damit das Spülmittel nicht schon anfängt zu schäumen.

5 Jetzt hast du alles vorbereitet und kannst deinen Vulkan jederzeit ausbrechen lassen. Dazu rufst du alle Zuschauer zusammen. Wenn alle bereit sind, gießt du das vorbereitete Wasser vorsichtig in die Vulkanöffnung.

6 Wenn alles richtig läuft, lösen sich Zitronensäure und Natron im Wasser auf und bringen es zum Schäumen. Es quillt als Lava aus der Flasche.

DIE KATASTROPHE NIMMT IHREN LAUF

Bitte hier scannen

Wir möchten uns ganz herzlich beim Familienportal **www.familienfuchs.de** für die Erlaubnis zur Nutzung des auf dieser Seite verwendeten Materials bedanken.

GLOSSAR

Hier findest du einige wichtige Begriffe aus dem Buch:

Drift Mit Drift ist eine langsame Bewegung gemeint, die durch eine Strömung entsteht. Zum Beispiel treiben kleine Äste in einem See. Auch die Erdplatten driften auf dem Erdmantel, mal aufeinander zu, mal voneinander weg. Das nennt man die Kontinentaldrift.

Epizentrum Der Punkt an der Erdoberfläche, der genau senkrecht über dem Ursprung eines Erdbebens steht, wird Epizentrum genannt. Dort ist das Beben meistens am stärksten zu spüren.

Expedition Eine Expedition ist eine Forschungsreise. Forscher wollen an einem Ort bestimmte Dinge herausfinden. Meistens sind diese Orte nur schwer zu erreichen, wie etwa ein Vulkan. An einer Expedition sind oft viele verschiedene Forscher beteiligt und man benötigt eine spezielle Ausrüstung.

Geysir Heißer Wasserstrahl, der in bestimmten Abständen aus dem Boden nach oben schießt. Geysire entstehen in der Nähe von Vulkanen. Ein anderes Wort für Geysir ist Springquelle.

Geothermie Geothermie wird auch Erdwärme genannt. Geothermieanlagen können aus Erdwärme Energie für Strom und zum Heizen gewinnen.

Hot Spot Als Hot Spots werden besonders heiße Stellen im Erdmantel bezeichnet. Dort tritt Magma aus und schiebt sich durch die Erdkruste. Geschieht das im Meer können dort sogar Inseln entstehen.

Krater Sehr große, kreisförmige Löcher im Boden oder in einem Berg werden Krater genannt. Die Vertiefungen entstehen oft durch einen Vulkanausbruch.

Lahar Lahar ist eine Lawine aus Schlamm, Schutt und Wasser, die von einem Vulkan ausgeht. Der Schlammstrom kann sich sehr schnell fortbewegen und richtet große Zerstörungen an.

Lakkolith Damit ist erstarrtes Magma knapp unterhalb der Erdkruste gemeint. Es nimmt die Form einer Beule an.

Lava Wenn Magma, also sehr heißes, flüssiges Gestein, aus einem Vulkan austritt, wird es Lava genannt. Lava erstarrt beim Abkühlen in verschiedenen Formen: Es gibt scharfkantige Aa-Lava, glatte, fladenförmige Pahoehoe-Lava und rundliche Kissenlava. Lavagestein hat eine typische schwarze Farbe.

Pyroklastischer Strom Eine Wolke aus Asche, sehr heißem Gas und kleinen Lavabrocken wird pyroklastischer Strom genannt. Diese Wolken entstehen explosionsartig und rasen mit sehr hoher Geschwindigkeit die Hänge des Vulkans herunter, wo sie alles verbrennen. Sie sind auch noch weit entfernt gefährlich.

Maar In dem Wort Maar steckt das lateinische Wort „mare“ für Meer. Wenn Magma bei einem Vulkanausbruch auf Wasser trifft, gibt es eine gewaltige Explosion. Dadurch entsteht ein großer Trichter in der Erde, der sich später mit Wasser füllt.

Magma Geschmolzenes Gestein im Inneren der Erde nennt man Magma. Es wird 700 bis 1.200 Grad Celsius heiß und sammelt sich knapp unter der Erdkruste in sogenannten Magmakammern.

Ökosystem Die Gemeinschaft aller Lebewesen in einem bestimmten Lebensraum bildet ein Ökosystem. Lebewesen und Lebensraum sind miteinander verbunden und beeinflussen sich gegenseitig. Moore, Ozeane oder Wälder mit ihren Tieren und Pflanzen sind Beispiele für Ökosysteme.

Pompeji Die antike Stadt Pompeji wurde 79 n. Chr. durch den Ausbruch des Vulkans Vesuv vollständig verschüttet. Heute ist die berühmte Ausgrabung bei Neapel in Italien ein Touristenmagnet.

Schlot Ein Schlot ist wie ein Kamin in einem Vulkan. Magma bewegt sich durch den Schlot aus dem Erdinneren nach außen.

Schwefel Das chemische Element Schwefel kommt oft in der Nähe von Vulkanen vor. Bei Vulkanausbrüchen wird schwefelhaltiges Gas freigesetzt. Es riecht unangenehm nach verfaulten Eiern.

Supervulkan Man weiß, dass es Vulkane mit besonders großen Magmakammern gibt. Diese Kammern liegen unter der Erde und oft ist kein Vulkankegel erkennbar. Würde ein solcher Vulkan ausbrechen, dann hätte das weltweit enorme Auswirkungen, weit über den Standort des Vulkans hinaus.

Tsunami Das Wort stammt aus dem Japanischen und bedeutet „Hafenwelle“. Die gewaltigen Flutwellen türmen sich nämlich erst dort, wo sie auf Land treffen, zu ihrer vollen Höhe auf. Tsunamis werden hauptsächlich von Erdbeben unter dem Meer ausgelöst.

Vulkan oder Feuerberg Vulkane befinden sich oft an den Grenzen der Erdplatten, wo die Erdkruste dünn ist und die Verschiebung der Platten zu Spannungen führt. Durch Risse und Spalten treten Lava, Asche und Gas aus dem Erdinneren aus.

Vulkanologe Wissenschaftler, die sich mit der Erforschung von Vulkanen beschäftigen, nennt man Vulkanologen. Sie beobachten und untersuchen Feuerberge, sammeln Daten und werten sie aus.